KB263478

중국의 차 茶

Chinese Tea by Liu Tong

* 본문 사진 제공: 홍콩 《중국여행》 사진실, 황예黃銳

중국의 차

茶

리우퉁 지음 | 홍혜율 옮김

NN
도서출판 린

차는 오래전부터 중국 문명과 함께 숨 쉬어 온 삶의 깊은 결이다. 황하와 장강의 흐름이 역사와 사상을 길러냈듯 차향은 시대와 인간을 잇는 매개로 자리 잡았다. 중국의 차는 누군가에게 갈증을 풀어주는 음료였고, 또 다른 누군가에게는 마음을 닦는 도구였으며, 문인에게는 사유를 열어주는 문이었다. 이처럼 중국의 차는 단순한 음료가 아니라 인간이 자연과 관계를 맺는 방식의 축소판이다.

차는 끓는 물속에서 비로소 자신을 펼치는 잎사귀다. 그 잎은 물에 닿기 훨씬 이전부터 흙·비·햇빛·바람의 기억을 품고 있다. 차 한잔을 마신다는 것은 결국 그 기억을 조금씩 풀어내어 혀끝에, 가슴에, 마음의 가장 조용한 자리까지 번져가게 하는 일이다. 이 책은 그 기억의 향을 따라가는 여정에서 시작된다.

중국의 차 역사는 야생 차나무 한 그루에 기대어 살아가던 고대 사람들에서 시작한다. 당나라 때에는 차의 재배와 제다 기술이 확립되었고, 송나라 때에는 차를 마시는 미학과 문인 문화가 꽃피었다. 명대와 청대에 이르러 오늘날 알고 있는 잎차 중심의 차 문화가 완성되었으며, 이 과정에서 차는 단순한 기호품을 넘어 사회적 지위·지식인의 교양·일상의 규범과 질서를 형성하는 중요한 요소가 되었다.

중국의 차 문화는 '속도'가 아닌 '느림'의 가치에서 비롯된다. 물이 끓는 소리를 듣고, 향이 피어오르는 움직임을 바라보고, 잔속에서 펼쳐지는 찻잎의 생명을 느끼는 과정은 서두름으로는 도달할 수 없는 세계다. 차를 마시는 행위는 음용을 넘어 자신과 주변 세계를 차분히 들여다보는 시간이며, 공동체와의 조용한 연대이기도 하다.

중국의 차는 다양한 지역과 사람을 연결하는 문화적 다리였다.

차와 티베트의 말을 교환하기 위한 차마호시 · 당번고도 · 차마고도, 운남에서 시작된 보이차의 길, 복건의 무이암차가 건너간 바닷길, 실크로드를 걸어 서역으로 퍼져간 차 무역의 역사까지, 차는 국경을 넘어 흐르며 문명 사이의 대화를 이끌었다. 차를 따라가는 여정은 사람들의 삶과 교류의 궤적을 따라가는 일이기도 하다.

차는 늘 조용히 말한다. '서두르지 말라, 모든 것은 저마다의 속도로 열리고 닫힌다.' 우리는 종종 그 목소리를 잊은 채 살아간다. 세속의 시간은 빠르고 마음의 시간은 버겁다. 그러나 찻주전자의 온기가 손끝에 닿는 순간 시간은 잠시 숨을 고르고, 삶은 보이지 않는 결을 드러낸다. 김이 피어오르는 잔 위에서 삶의 흐름과 자신을 동일한 리듬으로 맞추게 된다. 차는 그 작은 잔속에서 인간의 마음을 고요한 수면처럼 만들어 주는 힘을 지녔다.

커피 문화와 디지털 소비가 지배하는 오늘날에도 차는 여전히

유효하다. 오히려 숨가쁜 속도와 갈등의 시대일수록 차가 건네는 온화한 리듬과 사유의 여백은 더욱더 값진 의미를 지닌다. 차는 자연의 질서를 따르며 살아가는 법, 시간의 흐름을 받아들이는 법, 한 잔의 온기를 통해 마음을 나누는 법을 조용히 일깨운다. 차 한잔에는 삶을 관통하는 철학이 담겼다.

이 책은 차의 기원과 역사, 지역의 특색, 제다 방식과 음다 예법을 넘어 차가 인간에게 남긴 정신적 유산까지 꼼꼼하고 주의깊게 살펴본다. 차향, 명차, 다사, 다인, 다관, 다선일미, 차의 길을 따라서, 차에 얽힌 재미있는 이야기, 찻잔에 얽힌 생활 예술 등으로 엮은 페이지를 넘기며 여러분도 차향처럼 은은히 번지는 사유의 여정을 경험하길 바란다.

차를 이해하는 일은 곧 삶을 더 깊이 바라보는 일이기도 하며, 자연 속에서 인간의 자리를 다시 묻는 일이기도 하다. 여러분이 책장을 넘기며 차향처럼 은근히 퍼지는 사유의 여백을 느낀다면 그것만으로도 이 책은 제 구실을 다한 것이다.

▶▶ 차례

窗 黃 塵 寒玉室
元 耶律楚材對詩

【제1장】

시공을 넘나드는 차의 향기

차는 마음의 평온을 찾게 하는 명상의 친구

차는 마음의 평온을 찾게 하는 명상의 친구로서 상상의 날개를 펼치게 만든다. 세상의 얕은 희로애락에서 초탈하게 하고, 정신을 맑게 해 인생의 지혜에 한층 더 가까이 가게 한다. 이런 이유로 동양의 거의 모든 나라에서는 차를 즐겨 마신다. 동양인은 단순하면서도 깊은 차의 맛이 끊임없이 자성하는 자신을 닮았다고 생각한다. 동양인에게 차는 평범한 일상이자 고유한 문화로 자리 잡았다.

중국차는 만드는 법에 따라 크게 녹차綠茶, 홍차紅茶, 오룡차烏龍茶, 흑차黑茶, 황차黃茶, 백차白茶 등 여섯 가지로 나뉜다. 녹차는 강남양자강 남쪽지방의 문인처럼 운치 있고, 홍차는 수줍은 규수처럼 온화하고 다소곳하며, 오룡차는 수행자의 집착처럼 열정이 넘친다. 흑차는 연륜 있는 어르신처럼 향기와 진한 뒷맛이 오래간다.

중국은 차의 본고장답게 재배법, 제조법, 음용법에서 선구자 역할을 했다. 차의 역사는 5,000년 전으로 거슬러 올라가는데, 처음에는 찻잎을 그대로 넣고 끓여 마시다가 차츰 찻잎을 건조하여 보관했다고 한다. 차의 종류도 처음에는 녹차 한 가지였다가 점차 여섯 종류로 늘어났다. 중국차는 당나라와 송나라 때 흥성하기 시작하여 현재까지 전해진다.

차는 긴 역사를 지나오면서 때로는 흐리거나 진하게 때로는 쓰거나 달게 갖가지 모양과 맛이 탄생하여 독특한 매력을 가지게 되었고, 특정 지역이나 풍습에 얽매이지 않고 세계 각지로 퍼져나갔다.

차의 정확한 기원은 알 수 없다. 하지만 운남 지역에 수천 년 된 야생 차나무가 있는 것으로 보아 차의 발원지가 중국 서남부인 것은 확실한 듯하다. 차를 가장 먼저 발견한 사람은 신화 속 중국 농업과 의약의 창시자 신농씨神農氏다.

신농씨를 둘러싼 차의 기원에 관하여 여러 가지 설이 있다. 태곳적부터 인간은 식물에 관한 이해가 부족했고, 신농씨는 각종 식물의 식용·약용 가치를 알아보기 위하여 온갖 식물을 다 먹어봤다고 한다. 다행히 그의 배가 투명해 식물이 뱃속에서 어떤 반응을 일으키는지 관찰할 수 있었는데, 이것이 그 유명한 '신농씨가 백초

옹정雍正 시기 봉황 무늬 다호

百草를 먹은' 신화다. 어느 날 약초를 캐다가 지치고 목이 말랐던 신농씨는 나무 아래에서 불을 피워 솥에 물을 끓였다. 마침 나뭇잎 몇 개가 솥으로 떨어졌고 신농씨는 아무 생각 없이 그 물을 마셨다. 그런데 입안에 단맛이 퍼지면서 온몸의 피로가 싹 가시는 느낌이 들어 그 길로 한 솥을 단숨에 비웠다.

이보다 더 드라마틱한 신화도 있다. 72가지 독초를 먹은 신농씨는 숨을 몰아쉬며 땅에 누웠는데 옆에 있던 나무에서 나뭇잎 몇 잎이 떨어졌고 은은한 향기가 났다. 그는 호기심에 나뭇잎 몇 장을 입에 넣고 씹었는데 정신이 맑아지면서 몸이 한결 편해졌다. 그는 나뭇잎을 더 따 먹었고 몸에 퍼졌던 독도 완전히 없어졌다.

신화 가운데 어떤 것이 정설인지는 알 수 없으나 신농씨가 차

청나라 건륭이 만든 어제 삼청다개완三淸茶盖碗

다실

다기

에 호기심을 갖고 그 효능을 연구한 것만은 틀림없다. 중국 고대 의학서 『신농본초神農本草』를 보면 "차는 맛이 쓰지만 마시면 유익한 생각을 하고, 덜 눕게 되며 몸이 가벼워지고 눈이 밝아진다."고 되어 있다. 이것이 차의 약용 가치에 관한 최초의 기록이다.

주나라 때는 차의 약용 가치보다 머리를 맑게 해주는 효능이 더 부각되었다. 차를 보관하기 위해 찻잎을 말리기 시작했고, 솥에 차를 넣고 물을 붓고 끓여 국처럼 마셨다. 주나라 왕이 차를 자주 마시기는 했지만 너무 쓰고 떫어 널리 전파되지는 못했다.

한대에 들어와서는 야생 찻잎 채집법과 가공법이 개선되면서 차의 맛이 깔끔해졌고, 귀족들의 사랑을 받으면서 점점 유행했다. 위진남북조 시대에는 문벌 귀족들 사이에서 현학玄學, 중국 도가의 학문이 크게 유행했다. 차는 노장 사상을 숭배하던 귀족들이 한가하게 청담淸談, 고상한 이야기을 즐기면서 술 대신 마셨고, 시간이 지날수록 더 많은 사랑을 받았다.

술이 찬밥 신세가 되기는 했지만 술과 차는 묘한 인연이 있다. 술은 시끄럽게 마시지만 차는 조용히 마시기 때문에 겉으로는 상극처럼 보여도, 실제로 차는 숙취 해소에 좋고 술과 궁합이 잘 맞는다. 이처럼 차가 사랑을 받은 데는 통치자들도 일조했다. 황제가 귀족들의 사치 풍조를 막기 위해 차와 담백한 식품을 먹도록 권장했기 때문이다.

소주蘇州, **벽라춘**碧螺春, 상급의 녹차. 찻잎이 나선형이다**의 고향**

불교는 후한 중엽 실크로드를 통해 중국에 들어온 후 중국의 사상과 문화의 주류로 자리 잡았다. 승려들은 차가 혼침昏沈, 정신이 아주 혼미한 상태과 도거掉擧, 마음이 들뜨고 흥분된 상태를 막을 수 있다고 여겨 차를 마셨다. 당시 백성들 사이에는 도교의 신선 사상이 유행했는데, 이들 또한 차가 근심을 없애주고 불로장생하게 하며 신선이 되게 돕는다고 믿었다. 이처럼 불교와 도교의 발전이 차의 전파에 큰 역할을 했다.

중국 역사에는 300년간의 혼란기가 있었다. 온 나라가 분열과 전란으로 혼란스러웠고, 정권이 흥망을 거듭하면서 인구의 대이동이 일어났다. 그러나 중국 민족들의 교류와 융합 측면에서 보면 오히려 중요한 의미를 갖기도 한다. 그 혼란을 계기로 서남쪽 파촉巴蜀 지역에서만 유행하던 차가 양자강 하류와 서북 일대까지 퍼졌고 그 지역 사람들의 일상에 깊숙이 파고들었기 때문이다.

중국에는 '차는 당나라 때 흥하기 시작해 송나라 때 전성기를 맞았다'는 말이 있다. 그만큼 당과 송은 차의 역사에서 중요한 시기다. 당나라 때는 차의 비린내를 없애기 위해 찻잎을 쪄서 빻아 병차餅茶, 틀에 눌러 떡 모양으로 만들어서 굳힌 차로 만들어 약한 불에 말려 보관했는데, 이를 증청법蒸靑法이라고 한다. '차茶'의 표기도 당나라 이전에는 '도荼'라고 했지만 시간이 흐르면서 '차茶'로 통일되었다. 차茶의 한자를 보면 맨 밑에 '나무 목木'이 있고, 위에는 '풀 초草'가 있으며, 중간에 '사람인人'이 있다. '차'라는 글자에 이미 인간과 자연의 조화라는 의미가 담겼음을 알 수 있다.

전문적으로 차를 마시는 장소인 다실茶室은 당나라 때부터 본격적으로 생겨났다. 규모가 있는 도시에는 모두 차를 파는 점포가 있었는데, 한쪽에 차를 산더미처럼 쌓아놓고 손님에게 차를 대접했다. 차에 관한 시문도 홍수처럼 쏟아졌는데, 노동盧仝·백거이白居易 등 많은 시인들이 차에 관한 작품을 썼다.

세계 최초의 차 이론서 『다경茶經』이 세상에 모습을 드러낸 시기도 이 즈음이다. 『다경』은 차의 약리 작용, 채집, 제조법, 찌는 법, 다기 등에 관한 다양한 정보를 담아 당시의 차 문화를 집대성한 차 백과사전이다. 『다경』을 지은 육우陸羽에게 '다성茶聖'이라는 칭호가

햇볕에 말린 국화차

따라다닌다.

차를 마시는 음다 풍습이 중국 남쪽에서 북쪽으로 전해지면서 중국의 차 문화는 국경을 넘어 주변국으로 전파되기 시작했다. 차는 중국의 대외 무역 상품 가운데 가장 인기 있는 품목이었고, 실크로드를 따라 서쪽으로는 중앙아시아·서아시아, 동쪽으로는 육로·해로를 통해 동아시아의 한국, 일본, 동남아시아, 남아시아로 전해졌다. 사방으로 차가 운반되는 '차의 길'이 열린 것이다.

전차磚茶, 찻잎을 쪄서 벽돌 모양으로 굳힌 차는 일본 승려가 맨 처음 만들었다고 한다. 중국에서 유학을 했던 일본 승려는 차를 가지고 귀국하면서 운반하기 쉽게 전차를 만들었고, 마실 때마다 한 조각씩 떼어 먹었다고 한다. 그가 만들었던 전차가 중국 서부 유목 지역의 그것과 형태가 같은 것으로 보아 역시 인간의 지혜는 서로 통하는 면이 있는 것 같다.

차의 황금시대인 송나라 때는 다관茶館이 발달했고 차에 관한 책들이 등장했다. 서예가 채양蔡襄은 『다록茶錄』을 지었고, 휘종 조길趙佶은 『대관다론大觀茶論』을 썼다. 원나라 때에는 몽골의 침입으로 차 문화가 파괴되었다가 명나라 때 다시 부흥했다. 명나라 태조 주원장朱元璋은 단차團茶 대신 엽차를 마실 것을 제안하면서 차를 마시는 법도 바뀌었다. 지금의 음다법은 명나라 때 기본적인 틀이 형성되었다. 차에 관한 지식이 풍부해지면서 야생에서 채집하는 것에

그치지 않고 다원을 만들어 차를 재배하기 시작했다. 차 가공법도 다양해져서 종류도 여섯 가지로 늘어났다. 이제 차는 식품이나 약이 아니라 내면세계를 풍부하게 해주는 문화적 색채를 띠었다.

중국 다도는 차의 질뿐 아니라 물과 다기, 차를 마시는 시간과 장소, 음용법, 차를 마시는 사람 등에 대해서 구체적으로 명시하고 있다. 하지만 다도의 정수는 차를 마시면서 온화한 마음을 갖고 수양하는 자세로 깨우침을 얻는 것이라고 생각했다.

차는 각 지역으로 전파되면서 독특한 지역색이 나타났다. 광동은 조차早茶, 복건은 공부차工夫茶, 호남은 뇌차擂茶, 사천은 완차碗茶가

주를 이뤘다. 백족白族은 손님을 접대할 때 삼도차三道茶라는 독특한 법도가 있었고, 장족藏族은 수유차酥油茶, 몽골 유목민은 우유·양유를 넣은 내차奶茶를 즐겨 마셨다. 이렇게 지역별로 차를 마시는 풍습이 다르게 형성되면서 중국의 차 문화가 다채로워졌다.

국가 간 교류가 확대되면서 차도 세계 각지로 전파되었다. 한 일본 승려가 중국에서 차 종자, 차 만드는 기술, 다기를 가져갔고 이것이 일본 다도의 시초가 되었다고 한다. 16세기 말 네덜란드인은 유럽으로 돌아가 동방에 신기한 나뭇잎이 있는데 맛있는 음료를 만들 수 있다고 알렸고, 이를 계기로 유럽인은 '차'에 대해 알게 되었다고 한다. 1607년 네덜란드 동인도 회사는 마카오에서 중국차를 사들여 인도 고아Goa, 인도 중서부의 작은 주를 거쳐 유럽에 팔았고, 몇십 년이 흐른 후 차는 유럽인의 생활에 없어서는 안 될 필수품이 되어 있었다. 한편 차르제정 러시아 황제에게 육로로 차가 운반되면서 러시아 사람들은 더 신선한 차를 맛볼 수 있었다. 애프터눈 티 문화로 유명한 영국에도 1650년에 비로소 차가 전해졌다.

중국인은 차가 장수에 좋고, 고통과 질병에서 벗어나게 한다고 믿는다. 차의 성분이 우리 몸의 미량 원소를 보충하고, 질병 예방과 치료에 효과가 있다는 것은 과학적으로도 증명되었다. 녹차는 비타민이 풍부하고, 폴리페놀 성분은 암세포를 억제하고 암 예방 효과가 있다. 오룡차는 포도당 흡수를 억제해 다이어트 효과가 있고, 홍차는 따뜻한 성질이라 가래를 없애주고 소화를 돕기 때문에 비장과 위장이 약한 사람에게 좋다. 보이차普洱茶는 심혈관 질환 예방 효과가 있어 일찍부터 '장수차'로 인정받았다. 차는 전자파 억제 효능도 있어 오랜 시간 컴퓨터를 쓰는 사람들에게 꼭 필요한 건강 음료다.

차 애호가들은 봄에는 녹차, 가을에는 공국貢菊, 햇빛에 말린 국화차, 늦가을이나 추운 겨울에는 오룡차 · 보이차 · 철관음鐵觀音 등을 마신다. 그들의 삶에는 1년 내내 차향이 가득하다.

【제2장】
깊은 산의 명차
名茶

생활을 음미한다는 마음가짐으로 차를 마시면 차 본연의 맛을 더 잘 느낄 수 있어

차나무는 맨 처음 운남·귀주·사천 등 비가 많이 오는 고산 지역 원시림에서 자랐다. 그 후 인공 재배와 옮겨심기를 하는 과정에서 차나무가 따뜻하고 습하며 그늘진 곳에서 잘 자란다는 사실을 알았다. 차나무의 최적 생장 온도는 섭씨 18~25도이며, 섭씨 5도 이하에서는 생장을 멈추고 섭씨 40도 이상이면 죽는다. 또한 습한 환경을 좋아해 토양과 공기 중의 수분 함량이 높아야 하며, 해발 고도에 따라 차의 품질이 달라지기도 한다.

중국을 비롯해 해외에서도 최고로 인정받는 무이암차武夷巖茶는 해발 고도에 따라 명칭이 다르다. 산꼭대기에서 재배한 것을 '정암차正巖茶', 산중턱에서 재배한 것을 '반암차半巖茶', 계곡에서 재배한 것을 '주차洲茶'라고 한다. 고도가 높은 곳에서 재배한 것일수록 귀한 대접을 받는다. 일조량이나 토양 또한 차의 생장에 결정적인 작용을 한다.

옛날 사람들은 차의 품질은 품종보다는 생장 조건에 따라 결정

청화삼청靑花三淸 다완茶碗

차를 따러 가는 농민들

된다고 생각했다. 실제로 천혜의 자연 조건에서 진귀한 명차들이 생산되면서 '명산에서 명차가 나온다'는 말이 입증되기 시작했다. 세계 자연 유산으로 지정된 중국 명산에서 수많은 명차가 나왔다. 무이암차, 황산모봉, 여산운무, 아미모봉, 무릉 고장모첨, 청성설아 등 유구한 역사를 자랑하는 명차들이 바로 그것이다. 이 지역은 삼림률이 높고 동식물 자원이 풍부해 좋은 차가 생산되는 데 더없이 좋은 자연 조건이다.

육우는 『다경』에서 차를 '남방의 가목嘉木'이라고 했다. '가목', 즉 아름다운 나무라고 할 만큼 차나무를 높이 평가한 것이다. 육우는 사람들에게 친숙한 식물을 빗대어 '차나무에서 나무는 과로^{瓜蘆,} ^{운남성 등에서 재배되는 차나무의 일종}나무, 잎사귀는 치자, 꽃은 흰 장미, 열매 는 종려, 줄기는 정향, 뿌리는 호두와 같다'고 묘사했다.

차나무는 형태에 따라 보통 관목형, 교목형, 소교목형으로 분 류한다. 교목형은 자연 상태에서 키가 3~5미터까지 자라며, 10미 터 이상인 것도 있다. 관목형은 자연 상태에서 1~3미터 정도 자라 고, 인공 재배를 하면 가지치기를 하기 때문에 키가 작은 편이다.

차나무는 원래 야생이지만 점차 인공으로 재배되었다. 차 생산 지는 자연환경 때문에 남방에 집중되었지만 재배 기술이 발달하면 서 재배 지역도 점차 확대되었기 때문이다. 당나라 때는 차 생산지 가 여덟 곳에 불과했지만 송나라 때에는 진령산맥 회하^{淮河} 이남의 모든 성에서 차가 재배되었다. 지금의 차 재배 지역 분포는 명나라 때 기본틀이 마련되었다.

야생차는 오랜 기간 귀한 대접을 받았다. 『다경』에서도 "차는 들에서 자생하는 것이 가장 좋고, 밭에서 가꾸어 나는 것이 그다음 이다^{野者上 園者次}."라고 했다. 당나라 때는 차 재배 지역에서 가장 좋 은 차를 골라 조정에 바쳤는데 이를 공차^{貢茶}라고 한다. 당시 제일 유명했던 공차는 절강 호주 고저산 일대에서 나는 자순차^{紫笋茶, 자줏} ^{빛 녹차}였다. 기록에 따르면 황실에서 요구한 자순차의 양을 맞추기 위해 부단히 노력했다. 자순차는 깎아지른 듯한 절벽에서 자라기

채집한 찻잎을 고르고 말리는 과정

때문에 새벽 내내 따도 한 움큼밖에 되지 않았기 때문이다. 당나라 때에는 공차 수요가 대폭 늘었다. 야생차만으로는 양을 맞출 수 없어 인공 재배가 시작되었다. 재배된 차는 야생차보다 품질이 약간 떨어졌다.

오랜 기간 인공 재배를 거치면서 야생 차나무의 모양도 변했다. 인공 재배하는 차나무는 키가 작은 관목형이었고, 꼭 산에서 기르지 않아도 되었다. 당나라 때는 차나무의 특성을 파악해 맞춤식 재배를 시작했다. 예를 들어 차가 응달에서 잘 자란다는 사실을 알아내 그늘진 북쪽 비탈이나 뽕나무 아래 심었다. 차나무는 습도가 높고 비가 많이 오는 지역에서 잘 자라지만 비가 너무 많이 내리면 뿌리가 썩을 수 있어 흙의 배수 능력이 매우 중요했다.

육우가 『다경』에서 "차가 자라는 땅으로 가장 좋은 곳은 돌이 문드러져서 생긴 자갈밭이고, 그다음은 조약돌이 섞인 흙밭이며 가장 나쁜 곳이 황토밭이다."라고 한 것도 땅의 배수 능력을 염두에 둔 설명이다. 당나라 때는 차나무 양쪽에 고랑을 파 빗물이 빨리 빠지게 해 차나무 뿌리가 빗물에 잠기는 것을 방지했다. 당시 차 재배는 파종법이었고 이앙법은 거의 없었다. 또 차나무가 박나무와 비슷하다고 생각했기 때문에 3년을 재배한 다음부터 찻잎을 땄다.

육우는 전국 찻잎 생산 지역을 여덟 곳으로 분류했는데 실제로 이 지역의 많은 사람들이 차 재배와 생산에 종사했다. 어떤 지역은

아이들은 부모를 도와 차를 딴다.

차와 관련된 일을 하는 사람이 주민의 67퍼센트나 되었고 차 재배와 제조, 판매로 생계를 유지했다.

차 문화의 전성기인 송나라 때는 차나무 재배 기술이 크게 발전했다. 휘종은 『대관다론』에서 음양의 조화를 통해 재배 방법을 개선해야 한다고 주장했다. 즉 차나무를 산비탈에 심을 때는 양지를, 못자리에 심을 때는 음지를 택하라고 했다. 산의 돌은 음기가 강해 거기서 자란 찻잎은 맛이 연하므로 햇볕을 받아 음양의 조화를 맞춰야 하기 때문이다. 반대로 못자리의 흙은 지나치게 비옥해 차의 맛이 강해지므로 볕을 직접 쬐는 것을 막아야 한다고 했다.

송나라 사람들은 토양의 통기성도 중시해 흙에 겨나 초토를 넣어 토양의 구조를 개선하려는 노력을 기울였다. 차농들은 6월이 되면 차나무에 부드러운 흙과 배토를 주고 한여름 정오에는 차밭에서 김을 맸다. 이때 잡초를 뿌리째 뽑아 햇볕에 말려서 차나무의 거름으로 사용하기도 했다. 이렇게 부드러운 흙을 넣고 김을 매고 비료를 잘 주면 노동력을 줄일 수 있어 일거양득이었다.

당나라 사람들이 뽕나무 밑에 차나무를 심었던 반면 송나라 사람들은 차나무 최고의 짝꿍으로 오동나무를 꼽았다. 오동나무는 키가 크고 차나무는 키가 작아 서로 잘 어울렸다. 차나무는 여름의 뜨거운 햇볕과 겨울 추위에 약하다. 오동나무는 초봄에 큰 잎이 자라기 때문에 여름에 차나무의 햇볕을 막아주었고 가을에 낙엽이 빨리 져 겨울에 차나무가 햇볕을 충분히 받게 만들었다.

명나라 사람들은 차 재배에 대해 좀 더 체계적인 지식을 갖추었다. 그들은 차를 땅에서 재배하면 땅의 기운이 전해지고, 절벽에서 재배하면 햇볕과 바람, 비와 이슬의 기운을 받는다고 생각했다. 이 가운데 가장 좋은 재배 지역으로는 산지를 꼽았다. 이 시기에 무

운남 여강麗江 석두성의 남문

성생식 재배법을 발명해 차나무의 가지를 잘라 다른 곳으로 옮겨심기도 했다. 차나무를 몇 년간 재배하면 토양이 척박해져 새잎이 나지 않는데, 이때 가지를 잘라내거나 차나무를 불태우면 이듬해 봄에 어린 새싹이 돋아난다.

차는 겨울을 제외하고 봄, 여름, 가을에 딸 수 있다. 봄에 딴 차를 춘차, 여름에 딴 차는 하차, 가을에 딴 차는 추차라고 부르는데, 계절별로 찻잎의 모양이나 질감에 차이가 난다. 춘차는 경칩과 곡우 전후에 딴다. 너무 이른 때에 찻잎을 따면 차가 완전히 성장하지 못하고, 너무 늦으면 억세지고 가지가 자라서 품질이 떨어진다. 경칩에서 청명 사이에 딴 춘차를 명전차明前茶 혹은 두차頭茶라고 하는데, 연한 비취색을 띠며 약간 떫지만 깨끗한 맛이 난다. 청명 2주 후 곡우 때 강남 일대에는 오곡을 살찌울 비가 내린다. 이 비가 바로 춘차를 딸 시기임을 알려준다. 청명과 곡우 사이에 딴 차를 우전차, 그 후에 딴 차를 우후차라고 한다.

춘차의 가격은 채집한 시기에 따라 결정되며 일찍 딴 것이 가격이 높다. 춘차 중에서도 녹차가 1년 중 품질이 가장 좋다. 그해에 딴 것을 신차, 1년 이상 보관한 것을 진차陳茶라고 한다. 녹차와 오룡차는 신차가 좋지만 보이차는 오래될수록 맛도 진하고 가격도 비싸진다.

차를 따는 날의 날씨도 아주 중요하다. 육우는 흐리고 비가 오

무이산 오룡차는 가을에 채집하는 것이 좋다.

는 날, 맑고 구름 낀 날은 차를 따서는 안 된다고 했다. 후대 사람들은 육우의 이론을 기초로 차를 따는 시기에 대해 체계적인 이론을 정립했다. 평지의 차밭에서는 해 뜨기 전에 차를 따는 것이 좋다. 태양이 강렬하면 찻잎의 수분을 빼앗겨 가공 후 맛이 떨어지기 때문이다. 산간 지역은 안개가 많이 끼는데 차를 딸 때는 일출 후 안개가 걷힐 때까지 기다려야 한다. 이때 딴 찻잎은 기침 가래를 없애주고, 각종 질병의 치료 효과가 있다고도 한다.

차를 딸 때는 손가락이 아니라 손끝을 사용해야 한다. 손가락의 먼지나 이물질이 찻잎을 오염시킬 수 있기 때문이다. 채집한 차는 품질에 따라 분류하고, 등급이 다른 차를 같이 보관해서는 안 된다.

차의 주원료는 찻잎이다. 그중에서도 어린싹은 잎이 신선하고 연해 가공하면 맛이 가장 좋다. 차나무의 새로 난 가지의 꼭지눈과 잎 뒤에는 솜털이 있는데 이는 차의 신선도와 품질을 판가름하는 기준이다. 같은 가지에 난 잎이라 해도 새로 난 잎에 솜털이 가장 많고 촘촘하고 그다음으로 어린잎, 연한 잎 순서로 솜털이 많다. 찻잎은 생장하면서 솜털이 점점 짧아지면서 없어진다. 이런 잎은 품질이 떨어져 차로 만들기에 적합하지 않다.

【제3장】
청아한 다사
茶事

중국인이 차를 마시는 방식은 두 가지로 나뉜다. 첫째, 취향에 따라 차에 설탕·귤껍질·박하·계피·대추 등을 넣어 마시는 것을 '혼음' 방식이라고 한다. 다른 한 가지는 차의 본래 맛과 향을 해치는 어떠한 재료도 넣지 않고 뜨거운 물에 차를 우려내서 마시는 '청음' 방식이다. 청음 방식으로 마실 때도 어떤 이들은 갈증 해소를 위해 큰 사발에 마시고, 색과 향을 중시하는 사람들은 다구를 갖춰 차의 섬세한 맛을 음미한다.

차를 마시는 환경과 차를 우리는 기술을 중시하고 차를 마시며 인간관계까지 넓히고 싶다면 다관을 찾아 '다예茶藝'를 감상하면 된다. 사실 다사茶事는 어렵고 심오한 것이 아니다. 평범하다면 평범하고 고상하다면 고상하다. 차는 한곳에 얽매이지 않고 자연에 순응하는 중국인의 성격을 닮았다.

중국인이 차를 마시는 방식도 시대에 따라 변했다. 차를 끓여 먹는 자차법煮茶法에서 우려먹는 충포법沖泡法으로 바뀌었고, 모양도 단차團茶와 병차餅茶에서 산차散茶로 변했다. 음용법도 간단한 방법에서 복잡한 것까지 시대에 따라 다양한 양상으로 나타났다.

처음에는 신농씨처럼 찻잎을 끓여 마시다가 차 제조법과 저장 기술이 개선되면서 찻잎을 찧어 병차로 만들어 마실 때마다 물을 부어 끓여 마셨다. 산차와 병차가 대세를 이루다가 점차 잎차가 대신했고, 이 음용법은 600여 년 전부터 지금까지 이어지고 있다.

벽라춘 채집

명대 화가 정운붕丁雲鵬의 〈자차도煮茶圖〉

초기에는 신농씨처럼 찻잎을 따서 그대로 씹어 먹기도 했을 것이다. 신선한 찻잎에 양념을 곁들여 음식을 만들어 먹었는데 이를 명채茗菜라고 한다. 위진남북조 시대에 차가 성행하면서 차를 반찬으로 먹는 풍습은 여전했고, 차를 넣고 끓인 명죽茗粥이나 차와 같이 끓인 면차面茶를 먹었다는 기록이 있다. 이처럼 차를 음식 재료로 쓰는 풍습은 일부 소수 민족의 풍습에 여전히 남아 있다.

운남 지역의 한 소수 민족은 찻잎을 찧은 다음 다진 마늘·고추·소금을 넣고 냉채를 만들어 먹는다. 또 죽통에 차를 절여 먹기도 한다. 차절임은 연한 햇차를 쪄서 죽통에 넣고 수분을 짜낸 다음 질항아리에 넣어 밀봉하고 발효시켜 두세 달 지난 후에 꺼내 참기름을 넣고 무쳐 먹는 음식이다.

찻잎을 넣고 삶은 계란도 있는데 계란에서 향긋한 차의 향기가 난다. 중국 어디서나 쉽게 먹을 수 있는 찻잎 계란은 오래된 전통 음식이다.

위진남북조 시대에는 찻잎을 찧어 만드는 병차가 발명되었다. 병차를 만들려면 찻잎을 쪄서 풀 비린내를 없애야 하는데 이를 '증청蒸靑'이라고 한다. 병차는 찌고 짜고 갈고 말리는 등 복잡한 과정을 거쳐 만들어진다. 채집한 찻잎을 분류한 다음 여러 번 씻어 먼지와 이물질을 제거한다. 깨끗한 찻잎을 찜통에 넣어 찐 후 찬물로 냉각시켜 찻잎의 수분을 짜낸다. 그런 다음 용기에 넣고 기름 덩어리, 쌀가루와 함께 찧어 전차나 병차 모양으로 만든다. 그다음 덩어리 중간에 구멍을 뚫어 끈으로 연결한 다음 밀실에서 말리면 병차가 완성된다. 병차는 밀봉 보관하고 마실 때 조금씩 부수어 파·생강·귤껍질 등을 넣고 끓여 먹으면 된다.

육우는 『다경』에서 좋은 다구와 찻물을 설명하고 차를 끓이는 법과 마시는 법도 자세히 언급했다. 우선 병차의 수분 제거를 위해 불에 말리다가 딱딱해지면 용기에 넣고 빻아 고운 가루로 만든다. 그다음 뚜껑 없는 솥이나 가마에 물을 끓이고, 물 끓는 정도를 관찰한다.

물은 어목魚目, 용천涌泉, 연주連珠 등 3단계를 거쳐 끓는다. 물이 끓기 시작하면 소리가 나면서 기포가 올라오는데 이 모습이 생선의 눈과 같다고 해 어목이라고 부른다. 그러다 더 끓으면 물 윗부분에 구슬이 이어진 것처럼 기포가 빠르게 올라오는데 이를 용천, 연주라고 한다. 이 상태의 물을 이비二沸라 하고 조금 더 끓이면 물결이 세차게 이는데 이것을 삼비三沸라 한다. 물을 너무 오래 끓이면 '노수老水'가 되며, 노수는 차맛을 나쁘게 하므로 찻물로 적당하지 않다.

육우는 차의 신선한 맛을 더하기 위해 소금을 넣는 것이 좋다고 했다. 물이 끓기 시작하면 소금을 조금 넣고, 이비 상태가 되면 물을 표주박으로 한 됫박 떠낸 후 젓가락으로 충분히 저어 온도를 일정하게 만든다. 그 후 솥 한복판 탕심에 곱게 빻은 차를 넣고 다시 기포가 생기면 아까 떠놓았던 물을 다시 붓는다. 그러면 물의 온도가 적당히 내려가면서 찻잎이 더 많이 떠오른다. 이때 불을 끄고 바로 마시면 된다.

『다경』에서는 차가 최상품일 때 세 잔을 마시고, 질이 조금 떨어질 때는 다섯 잔을 마시라고 했다. 손님을 접대할 경우 다섯 명이면 1인당 세 잔씩 마시고, 일곱 명이면 1인당 다섯 잔을 마시라고 했다. 육우는 차는 적당히 맛을 내는 음료가 아니며 차 본연의 맛을 음미하면서 많이 마실수록 좋다고 했다. 차를 마시는 양에 관해서도 손님에 대한 예절과 차의 맛을 모두 고려한 것으로 보인다.

『다경』이 나온 후 차는 단순한 음료가 아니라 즐기고 음미하는 존재로 지위가 높아졌다. 이런 풍조는 문인들의 주도로 형성되었고, 그들은 차가 품격 높고 고상한 생활을 영위하게 하고, 세속의 희비에서 벗어나 정신적 기쁨을 준다고 생각했다. 때문에 차맛을 잘 살리지 못했던 이전의 방식은 이들의 차에 대한 높은 기대치를 만족시키지 못했고, 기존의 다예를 종합하고 연구해 새로운 다예를 만들었다.

송나라 때는 음다법이 더욱 세분화·정교화되면서 의식을 치르듯 차를 마셨다. 송나라 때도 여전히 병차를 마셨는데, 차를 끓여 마시는 전차煎茶 대신 타서 마시는 점차點茶를 선호했다. 점차를 마시려면 사전에 많은 준비 과정이 필요하다. 먼저 차를 검사해 그 해 재배한 햇차만 갈아 가루로 만든다. 여러 해 묵은 차는 끓는 물에 잠시 담가 기름기를 제거하면 된다.

송나라 사람들은 차를 끓일 때 주석·납·구리로 만든 죽통 모양의 탕병을 썼다. 찻물은 당나라 때와 마찬가지로 이비의 물이 적당하다고 생각했다. 송나라 때 점차가 유행하면서 찻잔이 등장했는데, 차를 마시기 전에 약한 불로 찻잔을 데우면 찻물을 부었을 때 온도가 급격히 내려가는 것을 막을 수 있다. 잘 빻은 차를 찻잔에 넣고 끓는 물을 조금 부어 걸쭉한 상태에서 서서히 물을 부으면서 작은 솔로 저어 찻잎이 떠오르도록 했다.

송나라 사람들은 차 본래의 맛을 좋아해 소금·생강 등을 넣어 마시지 않았다. 송나라 때에 와서 차를 마시는 음다법은 일종의 기예가 되었고 문인들은 다연을 자주 열었다. 여기서 점차를 만드는 기술이나 다구와 물의 배합 등 다사의 우열을 가렸는데 이를 투다鬪茶라고 한다.

당나라와 송나라 때는 황실에 공차로 병차를 바쳤는데, 특히 송나라 때 병차 제조법이 더욱 정교해졌다. 증청한 찻잎을 말린 다음 물을 넣고 갈아 걸쭉한 풀 형태로 만들고 주형에 넣어 눌러 일정한 모양을 만든다. 사각형·원형·타원형·다변형 등으로 만들었고 표면에는 생동감 넘치는 갖가지 도안을 찍었다. 압력을 가해 모양을 만든 병차를 불에서 6~15회 정도 말린 다음 뜨거운 물을 뿌

벽라춘을 덖는 모습

린다. 이런 과정을 거쳐야 색이 더욱 선명해진다. 이렇게 만든 병차를 밀폐된 방에 두고 부채를 부쳐 열을 식히고 다음 날 약한 불로 다시 말리면 완성된다.

송나라 황실에 바치던 공차에는 용과 봉황의 도안을 가장 많이 찍었는데 이 병차를 '용봉단차龍鳳團茶'라 불렀다. 공차는 한 품종을 5년만 올릴 수 있었고 그 후에는 새 품종으로 바꿔야 했다. 공차 수집 업무를 담당했던 관리는 해마다 더욱 새롭고 신선한 차를 구하기 위해 다방면으로 고심해야 했다. 『다록』의 저자인 송나라 채양蔡襄은 대룡단大龍團, 정위가 만든 차을 기초로 더욱 정교한 소룡단小龍團을 만들었다. 소룡단은 20개가 약 600그램이며, 황금 2냥의 가치가 있었다. 그 후 가청賈靑이 밀운룡차密雲龍茶를 만들었는데 뛰어난 정교함으로 황제의 깊은 사랑을 받았지만 생산량이 적어 황제도 제사나 특별한 경우에만 마셨다.

밀운룡차의 명성을 들은 황실 친척과 대신들은 이것을 얻어가기 위해 끊임없이 황제를 찾아왔고, 행여 누가 조금이라도 얻었다는 소문이 나면 큰 분란이 생겨 황제의 노여움을 샀다고 한다. 이를 막기 위해 황제는 밀운룡차의 생산을 중단시켰고, 이 소식이 전해지면서 밀운룡차의 값이 천정부지로 치솟았다.

병차는 보관은 쉽지만 만들기가 어렵고 음다법도 복잡하다. 게다가 만드는 과정에서 차가 손실되고 기름이 생기기도 했다. 그래

용정차 말리기

서 자연 그대로의 맛을 중시하는 다인들은 병차를 받아들이기 어려웠다. 차 본연의 맛을 강조하는 추세는 원나라 이후에 더욱 두드러졌다. 원을 무너뜨리고 명을 세운 주원장은 전란 때문에 폐허가 된 나라를 살리기 위해 공차의 종류를 바꾸었다. 가공 과정이 복잡하고 비싼 병차 대신 산차를 공차로 정했고, 찻잎을 가루로 만들지 않고 그대로 끓는 물에 불려 마시는 충포법沖泡法을 권장했다.

육수성陸樹聲은 『다료기茶寮記』에서 충포법을 자세히 설명했다. 예를 들어 더운 여름에는 끓는 물을 먼저 다구에 붓고 찻잎을 넣었는데, 이는 물의 온도가 너무 높아 찻잎이 갑자기 익는 것을 막기 위해서다. 겨울에는 먼저 찻잎을 넣은 후 뜨거운 물을 붓는다. 이러면 찻물의 온도가 낮아져 차의 향이 날아가는 것을 방지한다. 음다법이 바뀌면서 다구도 대호보다는 소호를 선호했다. 충포법으로 차를 마실 때 대호를 이용하면 차의 향기가 빨리 날아가지만 소호는 차향을 오래 유지하기 때문이었다.

이렇게 황제가 나서서 음다법을 바꾸면서 병차 대신 산차가 대세를 이루었고 1,000년간 이어졌던 음다 방식도 획기적으로 변했다. 명나라 중기에 이르러서는 한때 성행했던 투다도 자취를 감추었다.

산차는 명나라 때 발명된 것은 아니다. 찻잎을 덖는 초청법炒靑法 역시 당나라 때 이미 기록이 있지만 명나라 때 개선되었던 것이다.

초청은 증청처럼 복잡하지 않지만 몇 가지 주의할 점이 있다. 첫째, 찻잎을 덖을 때 쓸 쇠솥은 새것이면 안 된다. 새솥에서 나는 쇠냄새가 차의 향기에 영향을 주기 때문에 한 번이라도 사용했던 솥이어야 한다. 둘째, 찻잎을 덖는 솥에 기름기가 남아 있어서는 안 된다. 기름기는 차의 청아한 맛을 크게 해치기 때문이다.

적당한 솥을 골랐다면 차를 덖기 시작한다. 약불로 솥을 데운 후 준비한 찻잎을 넣는다. 찻잎을 한꺼번에 너무 많이 덖어서는 안 되며 600그램 정도가 적당하다. 솥에서 소리가 나고 찻잎이 부드러워지면 불을 세게 하여 빨리 덖어내야 한다. 찻잎을 덖을 때는 나무로 만든 골무로 빨리 뒤집어야 열기가 골고루 퍼진다. 한쪽에서

당나라 흑자 채색 다호

는 부채를 부쳐 열이 퍼지도록 만들어야 한다. 잘 덖은 찻잎을 키에 얇게 펼쳐놓고 부채로 빨리 식히면서 손으로 가볍게 만져 모양을 만들고 다시 찻잎을 솥에 넣고 약불로 말리면 된다.

차를 가공할 때 증청법이든 초청법이든 열쇠는 불의 세기와 시간을 어떻게 조절하느냐다. 불이 너무 세면 찻잎이 질겨지고 빨리 마르며, 불이 너무 약하면 비린내가 안 없어져 향기를 충분히 느낄 수 없다. 이처럼 불 조절은 차맛에 절대적인 영향을 미치므로 주의를 기울여야 한다. 찻잎을 덖을 때 땔감은 마른 나뭇잎 대신 나뭇가지를 써야 한다. 마른 나뭇잎은 불이 쉽게 붙고 쉽게 꺼지기 때문에 온도 조절이 쉽지 않기 때문이다. 또 적절한 온도를 조절하기 위해 찻잎을 덖을 땐 목탄을, 말릴 땐 숯을 쓰는 것이 좋다.

신농씨의 전설처럼 차는 처음에 탁월한 해독 효능으로 각광받았다. 이러한 약용 가치 때문에 지금까지 차가 중국인의 사랑을 받는 것이 아닐까 하는 생각이 든다. 서한 시대 사마상여司馬相如는 사천 지역의 20여 가지 약재에 대한 기록을 남겼는데 그중에 차도 포함되어 있다.

남조 시대의 한 문장가는 차를 한 번에 한 말씩이나 마셔 '밑 빠진 찻잔'이라는 별명을 얻었다고 한다. 무엇 때문에 이렇게 차를 많이 마셨을까? 당시에는 차가 숙취 해소, 각성 작용뿐 아니라 몸을 가볍게 하고 피로를 없애 활력이 넘치게 한다고 생각했다. 더 나아가 마음속 번뇌를 없애고 신선의 경지에 이르게 해준다고 믿었다.

　차의 약용 가치에 대한 일화도 전해진다. 수나라 황제가 병들었을 때 한 승려는 치료약으로 차를 권했고, 명나라 의학자 이시진李時珍은 『본초강목本草綱目』에서 "차는 쓰고 차가운 것으로, 화를 내리는 데 최고의 효능이 있다茶苦而寒 最能降火."라고 했다. 이처럼 차는 음료로서뿐 아니라 저렴하지만 효능 좋은 약으로서 사랑을 받았다.

【제4장】
다인과 다전

茶經卷上

唐　陸羽　撰

一　茶之源

茶者南方之嘉木也一尺二尺迺至數十尺其巴山峽川有兩人合抱者伐而掇之其樹如瓜蘆葉如梔子花如白薔薇實如栟櫚蒂如丁香根如胡桃〔瓜蘆木出廣州似茶至苦澀栟櫚蒲葵之屬其子似茶胡桃與茶根皆下孕兆至瓦礫苗本上抽〕其字或從草或從

「다경茶經」

중국의 차 문화사를 살펴보면 몇몇 중요한 인물과 저서 들이 후대에 아주 큰 영향을 미쳤음을 알 수 있다. 물론 고대부터 전해지는 차 관련 서적 가운데 '다도茶道'라는 제목의 책은 없지만, 당나라 때 육우陸羽가 쓴 『다경茶經』에 경서라는 뜻의 '경經'자가 들어간 것으로 미루어보아 경전의 가치가 있었다고 추측된다.

『다경』은 중국 고대 차 관련 서적의 선구자 역할을 했고, 뒤를 이어 관련 서적들이 속속 등장했다. 차를 좋아하는 문인들은 역대의 차 제조법, 끓이는 법, 마시는 법을 정리했고, 이때 정리된 시대별 차 평가 기준은 중국의 차 문화 형성에 큰 공헌을 했다.

육우와 『다경』

『다경』은 세계 최초의 차 전문 서적으로, 선진先秦 시대부터 당나라까지 2,000여 년간의 중국 고대의 차 변천사를 체계적으로 소개한다. 『다경』의 등장과 함께 차를 마시는 풍조가 시작되었다고 해도 과언이 아니며, 후대에 지대한 영향을 미쳤다는 사실은 그 누구도 부인하지 않을 것이다. 그래서 사람들은 육우를 다성茶聖, 다신茶神, 다선茶仙이라 부르며 그와 관련된 이야기와 일화에도 깊은 관심을 갖는다.

733년경 태어난 육우는 버려진 고아였다. '지적智積'이라는 스님이 절 문을 나서다 큰 기러기 세 마리가 갓난아이를 보호하고 있는 것을 보고 신기하고 가여워 그 아이를 데려왔다고 한다. 그리고 기러기의 보호를 받고 있었기에 아기의 이름에 깃털 '우羽'자를 썼다. 육우는 어린 시절을 절에서 보냈는데, 당시 절에서는 차를 마시는 풍습이 성행했다.

지적 스님을 따라다니면서 차를 채집하고 차와 가까이하면서 자연스럽게 차에 대해 많이 알게 되었다. 지적 스님은 육우가 불가에 들어오길 바랐지만 고아로 자란 육우는 자식을 낳을 수 없는 승려가 되기 싫었고 지적 스님과 마찰했다. 육우 때문에 화가 난 지적 스님은 그에게 소 돌보기 · 변소 청소 등 힘든 일만 골라서 시켰고, 절 생활에 염증을 느낀 육우는 12살 때 도망을 쳤다. 그러다 떠돌이 광대패에 들어가 인형극 · 잡기 · 마술을 배웠고, 천부적으로 소질이 있어 광대패에서도 두각을 나타냈다.

공연을 다니던 중에 한 관리의 눈에 띄었고, 그는 육우에게 시문을 가르쳤다. 육우는 세상을 떠돌며 차 생산지를 살피면서 농부들에게 차 채집법과 제조법을 배워 차에 대해 풍부한 지식을 쌓았다. 이러한 노력 끝에 육우는 760년 절강 오흥吳興에 은거하면서 『다경』을 집필했다.

육우가 다도에 얼마나 능통한 고수인지는 수많은 사료를 통해 알 수 있다. 하지만 민간에 전해지는 몇 가지 일화만으로도 뛰어난 능력을 충분히 짐작할 수 있다. 어떤 관리가 양자강 부근을 지나다가 우연히 육우를 만났다고 한다. 그는 육우가 차를 끓이는 솜씨가 천하일품이며 남령수南零水 수질이 최고라는 소문을 듣고 병사에게 남령수를 길어오도록 했다. 병사는 분부대로 남령수를 가져왔다. 육우는 병사가 떠온 물을 나무 숟가락으로 한 번 떠보더니 이 물은 양자강 강변에서 뜬 물이지 남령수가 아니라고 말했다. 병사는 자기가 남령에 가서 물을 길어오는 걸 본 사람이 몇백 명 된다며 억울함을 호소했다.

육우는 아무 말 없이 떠온 물을 그릇에 따르라고 했다. 병사가 물을 반쯤 따랐을 때 육우는 멈추라고 하면서 지금 병에 남은 물만 남령수라고 했다. 사실 병사는 남령에 가 남령수를 떴다. 하지만 돌아오는 길에 배가 흔들려 반을 쏟았고, 상관에게 혼날까 봐 강가에서 다시 물을 채웠던 것이다. 하지만 육우가 물만 보고 그 사실을 맞힐 줄은 몰랐다며 잘못을 시인했다. 이 일화가 퍼지면서 사람들은 역시 '다신'은 뭐가 달라도 다르다며 육우를 더욱 존경하게 되었다.

육우는 외모도 뛰어나지 않았고 말도 더듬었지만 성격이 호탕했다. 남에게 좋은 일이 생기면 진심으로 기뻐하고 나쁜 일에는 같이 마음 아파했다. 이런 성품 덕분에 시인과 문인 들과도 깊은 우정을 나눌 수 있었다.

『다경』이 세상에 나온 후 육우는 천하에 이름을 떨쳤고 황제는 그에게 관직을 내렸다. 하지만 그는 차밭을 돌며 지인들과 차에 대한 이야기를 하는 자유로운 생활을 택했고 황제의 제안에 응하지 않았다. 육우는 노인이 되어 불교에 대한 생각을 바꾸고 승려들과 친구가 되었다. 어린 시절의 잘못을 뉘우치면서 죽은 뒤 지적 스님 곁에 묻어달라는 유언을 남겼다고 한다.

『다경』은 3권 10장으로 구성되었다. 상권은 3개 장인데, 「일지원一之源」은 차의 기원·명칭·종류·원산지와 특성을 설명했고, 「이지구二之具」에서는 차의 채취와 만드는 도구, 사용법을 언급했다. 「삼지조三之造」에서는 차의 채집 시기와 채집하면서 지켜야 할 사항을 지적했다. 특히 차를 만들 때는 여섯 가지 절차가 있고, 병차를 외형·색·광택에 따라 여덟 등급으로 나누는 분류법도 소개했다. 중권 「사지기四之器」에서는 차를 끓여 마시는 데 필요한 23가지 다구를 설명했다.

하권은 6개 장이다. 「오지자五之煮」는 차를 끓이는 구체적인 방법과 각 지방의 수질을 평가해 놓았고, 「육지음六之飮」은 차의 역사

송나라 국영 도요지에서 만든 찻잔

소식蘇軾이 친구에 보낸 편지 『일야첩一夜帖』에서 단차를 언급했다.

와 차를 마시는 방법을 설명했다. 「칠지사七之事」는 『다경』에서 내용이 가장 많은 부분인데, 차를 언급한 고대 문헌과 상고 시대부터 당나라까지 차와 연관 있는 역사적 인물 43명과 관련 전설·기원·우화 48가지를 실었다. 「팔지출八之出」은 전국의 차 생산지를 8개로 나누고, 각 지역별 차를 4등급으로 나눠 자세히 설명했다. 「구지략九之略」에서는 차를 끓이는 절차와 다구를 설명하면서 상황에 따라 생략되거나 간소화할 수 있다고 소개했다. 「십지도十之圖」는 아홉 장에 걸친 내용을 그림으로 표현했으며, 이를 벽에 걸어놓고 다사茶事를 행할 때 참고하라고 덧붙였다.

『다경』은 차의 채집부터 제조, 음용까지 전 과정을 아우르며, 차 문화의 기초를 체계적으로 정립한 차 백과사전이다. 『다경』은 후대에 여러 언어로 번역되어 다른 나라에 소개되기도 했다.

채양과 『다록茶綠』

채양蔡襄은 송나라의 4대 서예가이자 정치가이며 뛰어난 다인이었다. 그는 대룡단을 기초로 장식이 더 섬세하고 정교하며 맛이 더 훌륭한 소룡단小龍團을 만들었다. 당시에는 '소룡단이 황금보다 더 구하기 힘들다'라는 말이 생길 정도로 귀한 대접을 받았다. 채양은 차의 맛을 품평하는 능력이 특히 뛰어났다고 한다.

어느 날 채양은 친구 집에 놀러갔는데 그 친구는 하인에게 소

송나라 〈투다도鬪茶圖〉의 일부

요_遼나라 묘에서 출토된 다사 관련 벽화

룡단을 준비하라고 했다. 채양은 하인이 내온 차를 한 모금 마시자마자 대룡단이 섞였다고 했다. 놀란 친구는 하인을 불러 자초지종을 추궁했고 하인은 잘못을 순순히 고백했다. 방금 다른 손님이 다녀가는 바람에 차를 준비할 시간이 없어서 소룡단과 대룡단을 섞어 내왔다는 것이다.

육우의 『다경』에는 송나라 때 가장 유명했던 복건 북원차^{北苑茶}에 대한 기록이 없다. 채양은 이를 아쉬워하며 『다록』을 집필했다.

휘종의 〈문회도文會圖〉의 일부. 문인의 다연茶宴 모습

『다록』은 상하편으로 되어 있는데, 상편은 차와 물 그리고 차를 달이는 방법을, 하편은 다기를 서술하였다. 채양은 특이하게도 찻잎도 사람처럼 얼굴이나 겉모습을 보면 내재된 품격을 판단할 수 있다고 했는데, 건강한 사람의 얼굴처럼 윤기가 넘치고 흠집이 없는 것이 좋은 차라고 했다. 그는 자연스러운 다도를 추구했으며 차를 마실 때 첨가물을 넣는 것을 반대했다.

채양은 서예도 뛰어났다. 그는 붓글씨를 쓸 때마다 차를 마셨고, 다른 사람이 글씨를 부탁하면 대가로 차를 받기도 했다. 채양은 투다鬪茶에서 한 번도 진 적이 없을 정도로 다예가 뛰어났고, 서예 실력 또한 높은 평가를 받았기 때문에 그가 친필로 쓴『다록』의 가치를 돈으로 환산할 수 없었다. 불행히도 그의 하인이『다록』원본을 몰래 훔쳐가 마음대로 출판해 시중에 돌아다녔다. 채양은 원고를 도둑맞아 큰 충격을 받았으며, 세간에 돌아다니는『다록』에 오류가 있는 것을 보고 크게 실망했다. 결국 그는 오랜 시간과 공을 들여『다록』을 다시 정리했고, 내용을 바꾸거나 도난당하는 걸 방지하기 위해 책 내용을 돌에 새겼다고 한다.

송나라 휘종의『대관다론大觀茶論』

송나라 휘종徽宗 조길趙佶은 송나라 제8대 황제이다. 휘종은 뛰어난 군주는 아니었지만 서예·회화·문학 등에 조예가 깊은 예술가였다.

송 태조 조광윤趙匡胤은 무장 출신이었는데, 다른 사람이 무력으로 왕위를 넘보는 것을 막기 위해 건국 초기부터 무관들의 권력을 박탈하고 대부분의 권력을 문관에게 넘겼다. 문관 위주의 정치 풍조는 휘종 대에 절정에 달했다. 휘종은 생활 속에서 예술을 추구하느라 군주의 직무는 뒷전으로 미루었다. 1125년 북방 여진족이 쳐들어왔을 때는 무책임하게 아들에게 왕위를 물려주었다. 결국 이듬

명나라 화가 문휘명文徵明의 〈혜산차회도惠山茶會圖〉

해 여진족 군대가 송의 도성까지 쳐들어왔고, 휘종과 그의 아들은 포로가 되어 타향에서 생을 마감했다.

하지만 휘종은 차의 맛을 품평하는 능력이 아주 뛰어났는데 〈품차도^{品茶圖}〉를 그리기도 했다. 〈품차도〉에서 그는 평상복 차림으로 대신들과 함께 차의 맛을 음미하며 즐거운 한때를 보내고 있다. 휘종은 신하들에게 손수 차를 타주기도 했는데, 문헌에 따르면 그가 만든 차는 '찻잎이 찻잔에 떠올라 맑은 하늘의 별과 달을 보는 것 같다'고 했다. 『대관다론』에서 과거의 성과를 회고하고, 자신의 품차^{品茶}에 대한 경험을 상세히 기록했다. 차의 산지, 채집 시기와 구분법, 차를 찌는 법과 제조법, 감별법 등을 25,000자에 담았다.

『대관다론』의 핵심은 세 가지로 요약할 수 있다. 첫째, 최고의 차로 통했던 북원차의 재배·채취·가공법, 둘째, 병차의 감별 방법, 셋째, 점차^{點茶}와 투다 설명인데 이 부분이 이 책의 정수이다.

그가 제안한 칠탕^{七湯} 점차법은 중국 역사상 가장 복잡하고 정교한 다도 기술로 손꼽힌다. 차는 이른 새벽에 따야 하며 해가 뜨면 즉시 작업을 멈추어야 한다고 주장했다. 좋은 병차의 요건으로는 선명한 색·치밀한 조직·굳기를 꼽았다. 또한 차의 품종과 산지만 중시하는 풍조를 비판하면서 좋은 차는 제조 과정이 얼마나 정교하고 섬세한지에 따라 결정되는 것이라고 했다. 그는 차를 마실 때는 차의 맛뿐 아니라 시각적인 아름다움도 중요하다고 했는

명나라 화가 문휘명_{文輝明}의 〈품차도_{品茶圖}〉의 일부

데, 이는 서예가이자 화가였던 그의 심미관이 반영된 것으로 풀이
된다.

주권과 『다보茶譜』

주권朱權은 명나라 태조 주원장의 17번째 아들로, 어릴 때부터
똑똑해 14살에 대녕大寧을 다스렸다. 송나라 휘종 황제와 마찬가지
로 주권 역시 실패한 정치가였다. 주권의 형 주체朱棣는 황위를 차지
하려고 아우 주권을 연금하고 자신이 등극한 후에야 풀어주었다.
이 일을 계기로 주권은 세상에 허무함을 느끼고 후에 도가에 심취
하게 된다.

세상과 동떨어진 삶을 산 주권은 『다보』를 썼다. 그는 『다보』
에서 『다경』과 『다록』을 높이 평가하고 수많은 다서 가운데 최고의
가치는 인정하지만 부분적으로 다른 의견을 내놓기도 했다. 일례로
주권은 당송 시대 유행했던 병차를 좋아하지 않았다. 그는 차를 분
말이나 떡처럼 만들면 차 본연의 맛을 잃는다면서 잎 그대로 우려
먹는 산차를 주장했다. 또한 육우가 너무 옛 방식을 고수했다고 비
판했는데, 이는 병차 대신 산차, 전차법煎茶法 대신 포음법泡飲法, 잎
차를 직접 우려 마시는 것이 유행했던 풍조와 깊은 관계가 있는 듯
하다.

『다보』는 서언과 본문으로 되었다. 본문은 다설茶說, 다목茶目으

로 구성되어 있다. 다설에서는 차의 효능, 차의 다섯 가지 명칭을 소개하면서 다른 다서를 평가했다. 다목에는 차를 마시는 법과 끓이는 법, 다구에 관한 전반적인 설명을 담았다.

『다보』에서 가장 주목할 것은 차를 마시는 환경에 정의를 내렸다는 사실이다. 주권은 차는 '더러움을 없애주고 시류를 떠나 속세에 물들지 않게 한다'면서 '차를 마시는 것은 일종의 수양'이라고 했다. 그래서 풍경이 수려한 산수나 소나무 · 대나무 밑 · 밝은 달이 떠 있는 곳 · 창이 밝은 곳에서 마실 것을 권했다. 또한 차를 마실 때는 세속적인 이야기는 피하고, 마음속 허영과 거짓을 버리고 깨끗한 마음을 가져야 한다고 했다.

주권은 다구에도 조예가 깊었다. 다시茶匙는 고대에는 황금으로 된 것을 주로 썼고 명나라 때는 은이나 황동을 즐겨 썼지만, 주권은 야자 껍질로 만든 것을 최고라 생각했다. 그는 송나라 사람들이 쓰던 흑유자기를 고집할 필요가 없으며 백자가 산차의 색을 가장 선명하게 보이게 한다고 했다.

당시 나무로 만든 다구를 쓰는 것에 대해서도 다른 의견을 내놓았다. 그는 나무보다는 반죽斑竹이나 자죽紫竹으로 된 다구를 쓰는 것이 차의 맛을 더 살려준다고 주장했다. 화차花茶 만드는 법을 소개하면서 매화 · 계수나무 꽃이나 재스민도 화차의 범주에 넣어야 하며 모두 향기가 뛰어나며 사랑스럽다고 덧붙였다. 『다록』의 내용을

종합하면 주권은 호화롭고 복잡한 것보다 자연스럽고 소박한 다도를 추구했던 것으로 보인다.

육연찬과 『속다경續茶經』

당나라부터 청나라까지 수백 년이 흐르는 동안 차의 산지, 제조법, 다구 등 모든 면에서 큰 변화가 나타났다. 육연찬陸延燦이 지은 『속다경』은 이 시기의 모든 변화를 담고 있으며, 매우 실용적인 다서이다.

『속다경』은 『다경』의 형식을 빌어 다지원茶之源, 다지구茶之具, 다

명나라 당인唐寅의 〈사명도事茗圖〉. 명나라 문인의 서재 생활을 보여준다.

지조茶之造, 다지기茶之器, 다지자茶之煮, 다지음茶之飮, 다지사茶之事, 다지출茶之出, 다지략茶之略, 다지도茶之圖 등 10개 부분으로 구성되었다. 당나라 이후 나온 다서를 일일이 수정해 보충했기 때문에 분량이 『다경』의 10배에 달했지만 내용은 『다경』과는 상당히 다르다.

중국의 역대 다서를 집대성한 『속다경』의 저자 육연찬은 복건 무이武夷에서 관직을 지냈다. 무이는 차를 좋아하는 사람에게는 더 없이 좋은 곳이다. 그는 무이차武夷茶의 원류에 대해 깊은 연구를 하기 위해 관련 서적을 뒤져가며 각종 지식을 수집했다. 관직에 있을 때 『속다경』의 초본을 완성하고 퇴직 후 고향에서 집필해 1734년에 완성했다.

　앞에서 언급한 유명한 다서 외에도 해학과 익살이 넘치는 『다주론茶酒論』과 『엽가전葉嘉傳』도 눈길을 끈다. 걸작은 아니지만 두 작품 모두 후대에 영향을 미쳤다. 『다주론』은 당나라 진사 왕부王敷가 차와 술을 의인화해 쓴 글이다. 『다주론』의 주인공은 차와 술이다. 이들은 서로 잘났다고 논쟁하다가 물의 등장으로 싸움을 멈춘다. 물은 '차든 술이든 물 없이는 안 된다'고 했고, 이 말을 들은 차와 술이 화해하고 사이좋게 지내게 된다는 내용이다. 『엽가전』은 송나라 소식蘇軾이 쓴 글로 문무를 겸비한 인재와 고풍스러운 자질을 지닌 군자로 차를 비유해 다도의 청아하고 고상한 진가를 보여주었다.

【제5장】
차의 길을 따라서

차마고도茶馬古道의 역참驛站

중국 서남 지역 깊은 산에서 처음 발견된 차는 점차 넓은 지역으로 퍼져나갔다. 가는 곳마다 독특한 매력으로 그 지역 사람들을 매료시켜 없어서는 안 될 생활의 일부가 되었다. 차의 보급은 그 지역의 풍습을 바꾸어 놓았을 뿐 아니라 민족 간의 관계와 국가 안위에도 적지 않은 영향을 미쳤다. 이 또한 중국 역사만의 특이한 현상이라고 할 수 있다.

차가 생활필수품이 되면서 수당隋唐 이후 1,000년 동안 지속된 봉건 시대에는 차 전매 제도가 시행되었고 차에 붙였던 차세는 봉건 왕조의 큰 재정 수입원이었다. 차가 중국 서부 변경 지역으로 전파된 이후에는 중앙 정권과 소수 민족의 유대 관계를 이어주는 가교 역할을 하기도 했다. 또한 무역이 육로·해로를 통해 활성화되면서 차는 세계로 뻗어나갔고 이는 중국의 대외 무역과 대외 관계에도 상당한 영향을 미쳤다.

차세와 차 전매 제도

"차는 식품으로 쌀·소금과 같은 생활필수품이다. 차는 없어서는 안 되며, 밭과 마을 어귀 곳곳에서 즐겨 마신다." 이는 『구당서舊唐書』의 한 대목이다. 여기서도 알 수 있듯 차는 이미 '없어서는 안 되는' 식품이었고, 민간에서 자유롭게 거래되어 마음껏 즐겼던 것 같다. 좋은 시절은 그리 길지 않았다.

명청明淸 시대의 차 업무 관리 부서

통치자들은 백성들이 차를 중요하게 생각하는 것을 알고 차세를 신설해 재정 수입을 늘리기로 했다. 780년, 당나라 조정은 군대의 반발을 잠재우기 위해 군인의 급료와 지급품을 늘렸고 이를 위해 중국 역사상 최초로 차세를 징수하기 시작했다. 하지만 전시에 만든 임시 정책이었기 때문에 정변이 잠잠해진 후 차세를 폐지했다. 뿐만 아니라 황제가 조서를 내려 신하와 백성 들에게 차세를 징수한 자신의 잘못을 인정하며 용서를 구했다고 한다.

하지만 당나라 말기가 되면서 전쟁이 끊임없이 발발했고 통치
자들은 짭짤한 수입원이었던 차세를 떠올렸다. 당시는 차의 실제
가격이 아닌 차의 무게에 따라 징수되었다고 한다. 그 후부터는 본
격적인 차 전매 제도가 시행되었고, 관부가 나서서 찻잎을 사 일괄
적으로 제조했다. 심지어 차 재배까지 국가에서 관리하기 위해 차
생산 농가에 보관하던 찻잎을 모두 소각하라는 명령을 내리기도 했
다. 조정은 이런 식으로 차의 생산 · 가공 · 유통의 전 과정을 장악

해 폭리를 취했다.

이러한 정책은 극단적이었다는 평가를 받는다. 차 재배와 제조가 이미 상당한 규모를 이루었고, 많은 사람들이 그것을 생업으로 삼았기 때문에 조정의 차 전매 제도는 이들의 밥그릇을 빼앗아가는 것과 다름없었고 농민들의 분노는 당연했다.

양자강과 회수淮水 일대 농민들은 조정이 차 정책을 바꾸지 않으면 반란을 일으키겠다고 으름장을 놓았고, 조정은 이들의 분노를 잠재우기 위해 부분적으로 전매 제도를 시행하기로 결정했다. 그 후 들어선 왕조도 여러 가지 차 정책을 내놓았지만, 차의 대외 무역에 대한 세금과 전매 제도는 공통적으로 시행했다. 이 정책은 청나라 중기에 가서야 완전히 사라졌다.

차마호시茶馬互市

중국 전역으로 차가 전파되면서 변경의 사람들도 차를 즐기기 시작했다. 이 지역은 차가 생산되지 않아 중앙 정부 관할 지역의 차가 필요했다. 이렇듯 차는 민족 간의 관계에도 영향을 미쳤다.

당나라 이후 역대 정권은 차가 막강한 군사력보다 더 강력한 힘을 가졌다고 믿었으며 변경 지역을 다스리는 데 차를 이용했다. 예를 들면 송나라 때 중앙 조정과 서하西夏와의 관계가 경색되자 송나라 조정은 차 공급을 중단해 서하의 국왕 이원호李元昊의 항복을

받아내기도 했다.

차는 대부분 중앙 정부가 관할하는 한족 거주지에서 생산되었고, 유목민이 많은 서부 변경 지역에는 좋은 말이 넘쳐났다. 그래서 한나라부터 당나라 초까지 황하 중하류에 사는 중원 사람들은 비단과 서부 지역의 말을 교환했다. 이때까지만 해도 차가 핵심 교역품은 아니었고 변경 지역에서도 일부 귀족들만 즐기는 정도였다.

당나라 중기 이후 중앙 정부는 산발적으로 일어나는 반란 진압을 위해 대량의 전마가 필요했고 맞교환의 대가로 찻잎을 생각해냈다. 당시 차 생산량이 풍부한 편이었고, 변경 지역의 차 수요도 점증했기 때문이다.

당시 상황을 잘 나타내주는 일화가 있다. 당나라 조정이 위구르족에게 차와 말을 교환하자고 제안했지만 위구르족은 일언지하에 거절했다. 그들이 원하는 것은 찻잎이 아니었다. 말 1,000필과 바꾸고 싶어 했던 것은 『다경』이었다. 이에 당나라 조정은 백방으로 『다경』을 찾은 끝에 시인 피일휴皮日休 소장본을 구해 발등의 불을 껐다고 한다. 이 일화에서 알 수 있듯 변경 지역 대부분이 차를 즐겼으며 단순히 차를 마시는 것에 그치지 않고 더 고차원적인 것을 추구했던 것 같다. 당나라 이후 송나라, 명나라, 청나라 때도 차와 말을 교환했고, 차마호시茶馬互市, 차와 말 교환 시장는 1,000년간 명맥을 유지했다.

당번고도唐蕃古道와 차마고도茶馬古道

서남쪽의 사천·운남 지역에서는 아주 오래전부터 차가 생산되었다. 그래서 어떤 이들은 이곳과 인접한 티베트에서 한나라 때부터 차를 마셨을 거라고 주장한다. 하지만 문성 공주를 사랑하는 티베트인들은 그녀가 차 전도사라고 믿는다. 당나라 초기에 티베트를 통일한 토번국의 왕 송첸캄포는 당의 수도 장안에 사신을 보내 태종에게 화해를 요청했고 그 일환으로 정략결혼을 제안했다. 태종은 이 제안을 받아들여 문성 공주를 토번으로 시집보내기로 결정했다.

641년, 문성 공주 일행은 티베트로 가기 위해 장안을 출발해 긴 여정을 떠났다. 먼저 위수渭水 북쪽을 따라 섬서성과 감숙성의 경계인 롱산隴山을 넘어 진주秦州에 도착한다. 다시 위수를 거슬러 서쪽으로 방향을 바꾸었고, 하주 황하를 건너 청해靑海로 들어갔다. 용지성과 선성을 지나 강수羌水를 따라 서남쪽으로 내려갔고, 자산을 넘고 모우하牦牛河를 건넜다. 이어서 옥수玉樹와 탕구라산을 넘어 티베트 북쪽 나곡那曲을 거쳐 토번의 수도 라싸拉薩에 도착했다.

문성 공주의 혼인으로 당과 토번의 우호 관계의 새 장이 열렸다. 문성 공주는 라싸로 갈 때 티베트 사람들을 위해 의약품, 역산曆算, 방직과 양조 기술 및 채소의 씨앗과 차를 갖고 갔다. 문성 공주가 티베트에 도착했을 때 기후와 음식이 잘 맞지 않아 고생이 많았다고 한다. 그래서 아침밥으로 야크 젖 반 잔을 마시고 노린내를 없애기 위해 차 반 잔을 마셨다고 한다. 그러다가 차와 야크 젖을 섞고 잣·야크 버터 등을 넣어 먹었는데 이것이 바로 티베트인들이 즐겨 먹는 전통차인 수유차의 기원이 되었다.

기록에 따르면 당시 토번에 전해졌던 차는 안휘·절강·호남·호북·사천에서 생산된 것이었다. 문성 공주가 토번으로 시집간 후 당나라와 토번 사신들은 끊임없이 왕래하였고 무역도 활발해졌다. 그래서 당나라와 토번을 오가던 당번고도唐蕃古道가 빠르게 발전할 수 있었다. 1,300여 년의 역사를 가진 당번고도는 당나라 이후 중부 지역에서 청해와 티베트로 가는 교통·무역의 요지였을 뿐 아니라 네팔·인도 등 주변 국가에 가기 위해 꼭 거쳐야 하는 통로였다.

당번고도의 종착지 티베트 라싸

차의 보급으로 티베트인의 생활은 크게 변했다. 티베트 고전 민요에는 "한족은 밥으로 배를 채우고, 티베트족은 차로 배를 채운다." "밥은 사흘을 굶어도 차는 하루도 굶지 못한다."는 대목이 나온다. 티베트의 청장고원靑藏高原에는 채소가 별로 없어 고기와 동물의 젖을 주로 먹었기 때문에 소화를 돕고 비타민을 보충할 차가 그만큼 중요했다.

차 수요의 급격한 증가로 '비단길'과 쌍벽을 이루는 무역로가 생겼다. 서남쪽 변경의 험준한 산맥을 관통하는 이 길은 인간이 만든 길 중에서 가장 아름답고 험준하며 경이로운 곳이라 평가받는다. 1,000년 동안 수많은 말 행상이 다녀갔던 길, 바로 차마고도이다. 차마고도는 서한 시기에 이미 기본적인 틀을 갖추었는데 당시에는 '촉신독도蜀身毒道, 남방 실크로드'라고 불렸다. 그 후 차를 중심으로 무역이 활발하게 이루어지면서 차마고도의 역할이 점점 커져 아시아에서 가장 거대하고 복잡한 무역로가 되었다.

차마고도에는 세 가지 노선이 있다. 당번고도지금의 청장선靑藏線와 전장선滇藏線, 천장선川藏線이 그것이다. 전장선은 운남의 남부 서쌍판납西雙版納, 사모思茅를 기점으로 임창臨滄, 보산保山, 대리大理, 여강麗江, 중전中甸, 덕흠德欽을 경유해 티베트의 창도昌都, 임지林芝, 라싸까지 이어지는 노선이다. 천장선은 사천의 아안雅安에서 시작해 강정康定을 지나 창도昌都에서 전장선과 만난다. 다시 라싸에서 티베트

전역까지 이어지며, 더 나아가 히말라야 산맥의 네팔·인도 등 남아시아까지 이어진다.

이 세 갈래길 중에서 당번고도가 제일 먼저 발달했고 나머지 두 노선도 티베트인이 사천과 운남 지역의 차에 대해 관심이 높아지면서 빠르게 발달했다. 상인들이 말에 짐을 싣고 무리를 이루어 다녔고 교역 품목도 차와 말에만 국한되지 않고 사천·운남 지역의 차, 곡식과 티베트의 약재·양모 및 인도의 보석과 향신료까지 거래되었다. 차는 운반을 용이하게 하기 위해 덩어리나 전차磚茶로 만들었는데, 모양도 좋고 포장도 쉬워 일석이조였다.

차마고도는 1,000년 동안 운남·사천·티베트 각 민족의 문화, 경제, 종교가 서로 융화되는 데에 중심 역할을 했을 뿐 아니라 중국의 차와 차 문화를 세계에 알리는 중요한 통로였다. 이렇게 차는 중국, 인도, 페르시아 등 각국 상인의 손을 거치면서 멀리 서아시아와 유럽으로 전파되었다.

차의 보급

차는 육로와 해로를 통해 세계 각지로 전파되었다. 차가 운반되었던 길을 '차의 길'이라고 하는데, 육로는 세 가지 노선이 있었다. 우선 고대 비단길과 합쳐져 중아시아, 서아시아, 유럽으로 통하는 차 길, 당번고도와 차마고도를 이용해 남아시아 각국으로 통했

운남 호도협虎跳峽 절벽에 난 차마고도

던 무역로가 있다. 마지막으로 명청 시대 몽골고원에서 러시아까지 이어지는 또 다른 차의 길이 있다.

해로 역시 세 방향으로 발달했다. 당송 때 강소·안휘·절강·복건 지역의 차는 양주항楊洲港, 영파항寧波港, 천주항泉州港을 통해 조선과 일본으로 전해졌다. 둘째, 명청 시기 강서·절강·복건 지역의 차는 영파항, 천주항, 광주항廣州港을 통해 태평양으로 운반되었고, 그곳에서 다시 미주로 판매되거나 인도를 거쳐 유럽으로 운반되었다.

송나라부터 원·명나라 초기까지 중국은 차의 판매를 금지하고 차의 전파도 제한했다. 그러다가 명나라 영락 3년1405, 정화鄭和가 서양으로 가면서 선물로 각 지역 명차를 가져갔고 이를 계기로 차 수출길이 다시 열렸다.

청나라 초기 차 생산량이 늘면서 조정은 기본적으로 차 판매 금지 조치를 해제했고 민간의 차 무역을 허락했다. 해로가 완전히 정착되기 전이라 육로를 통해 차를 판매하는 상인들이 나타났다. 산서 지역 상인 진상晉商들은 서쪽으로는 몽골 울란바토르, 북쪽으로는 캬흐타에 이르기까지 6,000킬로미터에 달하는 길을 다니며 무이암차를 팔았다. 그 후 시베리아를 거쳐 유럽 내륙까지 건너갔다. 이것이 바로 중국차가 러시아와 전 유럽에까지 전파되는 데 중요한 통로가 되었던 차의 길이다.

티베트 북쪽 당번고도 위의 다리

찻잎은 육로를 통해 러시아로 운반되었고 대부분은 전차磚茶의 형태였다. 해로로 운반하면 습기 때문에 변질의 우려가 있지만, 육로는 그런 단점이 없어 차의 품질을 유지하는 데 더 유리했다. 그래서 러시아로 들어가는 차는 다른 것보다 품질이 좋았고 러시아인도 중국차에 깊이 빠져들었다. 그들에게 중국차는 빼놓을 수 없는 생활의 일부분이 되었기 때문에 자연스럽게 차는 중국과 러시아 교역의 중심이 되었다.

러시아의 다관

1727년, 청나라와 제정 러시아가 '캬흐타 조약'을 맺으면서 캬흐타는 공식적으로 양국 교역의 중심지가 되었다. 그러면서 이곳으로 차가 모이면서 차 무역이 빠르게 번성했다. 18세기 말, 차의 길이 전성기를 맞으면서 각종 상품 교역이 활발해졌고 중국과 유럽 경제 교류도 확대되었다. 이 시기 차의 길 위에 끊임없이 이어지는 마차·말·낙타의 행렬은 그야말로 장관이었다. 1930년대 중국과 러시아 무역에서 차가 차지하는 비중이 무려 93퍼센트에 달한 것

19세기 말 울란바토르의 차 저장고

만 보아도 그 규모를 짐작하게 한다.

영국의 차 보급도 다른 나라와 마찬가지로 황실 귀족부터 시작해 일반 민중까지 확대되었으며, 단시간에 영국인의 생활 깊숙이 들어왔다. 1637년, 영국 배가 광주 호문虎門에서 차 약 51킬로그램을 실어가면서 중국차 수입의 포문을 열었다. 초기에 영국인은 주로 녹차를 가져갔는데, 배로 운반하는 과정에서 품질이 떨어지는 바람에 무이암차로 바꾸었고, 이는 영국인들의 음다 습관에 직접적인 영향을 주었다.

영국의 차 수요가 늘면서 중국차 수입량이 해마다 늘어났고, 이로 인해 영국의 무역 적자가 해마다 증가했다. 18세기 말, 영국이 동인도 회사를 통해 중국에서 수입하는 차의 가치가 매년 은자 40,000냥에 달했다. 영국도 중국에 모직 · 금속 · 면을 수출하기는 했지만, 이 세 항목의 거래액을 다 합해도 찻값의 6분의 1에 불과했다. 영국 배는 매번 은을 가득 싣고 광주로 와 차를 사갔다.

영국은 만성적인 무역 적자를 해소하기 위해 중국차에 높은 수입 관세를 매겼고, 1806년부터 1833년까지 관세율이 100퍼센트가 넘었다. 동인도 회사는 한편으로는 다른 차 공급원을 찾는 데 열을 올렸고, 무이차 나무에 눈독을 들였다. 하지만 중국이 경제적 이익을 위해 차 종자와 재배 기술 유출을 금지했기 때문에 중국 외 지역의 차 생산량은 극히 적었다.

1834년, 주인도 영국 총독 벤팅크^{William Bentinck} 차 위원회는 중국차의 인도 재배 가능성 연구를 진행했고, 중국으로 몰래 사람을 보내 차의 종자를 빼냈다. 청나라 조정은 외국인의 국내 출입을 금지했지만 벤팅크 차 위원회 비서 고돈은 몰래 중국에 들어가 무이암차 종자를 대량으로 구입했다. 그리고 1835년 초, 차의 종자를 캘커타로 가져가 묘목 42,000그루를 배양한 후 아삼^{Assam}과 데라둔^{Dehradun} 등지에 심었다. 인도가 오늘날 세계 최대 차 생산국이 된 데에는 이런 배경이 숨어 있었다.

1838년, 동인도 회사는 중국에서 차 전문가를 초빙해 무이암차의 가공 기술을 익히는 데 성공했고, 처음으로 만든 무이암차 여덟 상자를 런던으로 보내 영국에서 큰 반향을 일으키기도 했다. 1867년, 차나무 묘목을 다시 스리랑카로 옮겨 심었고, 후에 스리랑카는 세계 제3대 차 생산국으로 발전했다.

1960년대부터 중국차는 국제 시장에서 인도 · 스리랑카의 맹렬한 추격으로 시장 점유율이 계속 줄었다. 1980년대에는 후발 주자 인도에게 1위 자리를 넘겨주었고 인도는 명실상부한 세계 최대의 차 생산국이 되었다.

영국 정부는 중국차 수입으로 생긴 막대한 무역 적자 해결을 위해 동인도 회사를 앞세워 중국에 아편을 들여왔다. 이에 대응하기 위해 청나라 조정은 은 유출을 막고 아편 금지 정책을 펼치며 아편 수입을 엄격히 제한했다. 이것이 1840년 아편 전쟁을 일으킨 도화선이 된다.

전쟁에서 승리한 영국은 상해 · 광주 · 복주 · 하문 · 영파 등 5개 항구의 개방을 요구했다. 영국이 지목한 5개 항구 중에 복건 지역에 있는 항구가 둘이나 포함되었다는 것은 복건성의 차 생산지를 장악해 무이차를 하문 · 복주 · 광주항으로 빼가려는 영국의 속셈이었다. 항구 개방으로 해로가 열리면서 북쪽의 육상 찻길을 해상 찻길이 대신하고, 무이차를 취급하던 산서성 진상들도 해체했다. 아편 전쟁 후 중국은 점점 더 많은 주권과 영토를 상실했고, 100년 이 넘는 굴욕의 역사는 그때부터 시작되었다.

세계를 뒤바꾼 또 하나의 전쟁 역시 차와 관련 있다. 영국은 중국에서 찻잎을 수입해 다른 곳으로 재수출했는데 그중 북미가 가장 큰 수출 대상 지역이었다. 영국은 북미 식민지에 판매하는 찻잎에 특별세를 징수했고 재고로 쌓였던 찻잎을 팔아 미국의 격렬한 항의에 부딪혔다.

마침내 1773년, 급진파 '보스턴 차당Boston Tea Party'의 몇몇 당원이 보스턴 항구에 정박 중이던 동인도 회사의 기선 3척을 습격했고, 8,165킬로그램에 달하는 차 342상자를 바다에 던졌다. 이것이 미국 독립 전쟁의 도화선이 된 보스턴 차 사건이다. 이때 바다에 버려진 차가 바로 무이암차이다. 미국 독립 후 중국과 미국의 차 무역은 매우 활발했다. 미국인은 인삼 · 바다표범 가죽 · 목단향을 갖고 광주로 와 중국차를 사갔다. 당시 차 무역으로 부자가 된 사람이 많아서인지 미국 연해 지역에서는 5명 정도 탈 수 있는 배만 있으면 광주로 차를 사러 오는 것이 대유행이었다.

아편 전쟁과 미국 독립 전쟁은 모두 차와 관련 있다. 이 작은 찻잎이 세계의 약육강식 판도를 바꿔놓는 불씨가 되었다는 점에서 차에 담긴 세계사적 의미를 다시 한 번 되짚어볼 필요가 있다.

제6장

명차의 향기 名茶

중국은 대만을 포함해 16개 성에서 차가 생산된다. 사람들은 차나무에서 여린 잎을 따 탕처럼 끓여 마시다가 병차餠茶를 만들게 되었고, 시간이 지나면서 차를 우려먹는 충포沖泡 방식이 대세를 이루었다. 중국인은 오랜 기간 차를 마시고 연구하면서 우연히 혹은 인위적으로 차를 만드는 방법과 기술을 끊임없이 개선했고 이런 변화를 거치면서 차 종류도 점점 더 많아졌다.

차는 제조 방법에 따라 여섯 종류, 즉 녹차綠茶, 홍차紅茶, 오룡차烏龍茶, 백차白茶, 황차黃茶, 흑차黑茶로 나눌 수 있다. 이 밖에도 차를 재가공한 화차花茶, 긴압차緊壓茶도 있다. 차 종류별로 대표적인 명차가 있으며, 모두 뛰어난 맛과 향기, 아름다운 모양과 색을 자랑한다. 이러한 대표 명차는 대부분 우수한 자연환경과 품종, 섬세하고 정교한 채집과 가공 기술이 조화를 이루어 만들어낸 결과물이다.

녹차

중국차 중 가장 오래되었으며 생산량이 가장 많은 차가 녹차이다. 녹차가 유명한 곳은 많지만 그중에서도 절강 · 강서 · 안휘 지역의 녹차가 명성이 가장 높다. 녹차는 발효하지 않은 차라 차 본연의 맛이 많이 남아 있어 맛이 깔끔하고 잔향이 오래간다. 청량하고 부드러운 맛이 입안 가득 퍼지는 녹차의 느낌은 한 번 마시면 잊을 수가 없다.

녹차의 제조 방법은 증청법蒸靑法, 초청법炒靑法, 쇄청법晒靑法이 있다. 증청법은 찻잎을 수증기로 찐 후 비벼서 만드는 방법이고, 초청법은 낮은 온도의 솥에서 찻잎을 덖으며 건조하는 방법이다. 쇄청법은 싱싱한 잎을 쪄서 비빈 후 햇볕을 쬐어서 말리는 것이다. 이처럼 찌고, 덖고, 햇볕에 말리면 신선한 찻잎의 수분이 제거되어 향기가 더욱 진해진다.

녹차는 펄펄 끓는 물보다는 섭씨 80~90도의 물에 우리는 것이 적당하다. 녹차를 우릴 때는 먼저 물을 조금 부어 찻잎을 적신 다음 물을 가득 붓는다. 뚜껑을 닫고 1~2분 후에 마시면 되는데, 너무 오래 우리면 차의 맛이 떨어질 수 있다. 뜨거운 물을 먼저 붓고 찻잎을 나중에 넣어도 괜찮다.

서호용정西湖龍井

중국에서 가장 아름다운 도시로 꼽히는 항주杭州는 예전부터 명성이 높았다. 항주가 유명세를 타기까지 항주 최고의 관광 명소인 서호西湖가 큰 역할을 했다. 특히 서호 부근의 천축사天竺寺와 영급사靈急寺는 당나라 때부터 차 생산지로 유명했다. '용정차龍井茶'란 이름은 송나라 때 붙었으며 주로 서호 주변 다섯 지방에서 생산된다. 용정차는 맑은 색, 은은한 향, 달콤한 맛, 아름다운 모양으로 많은 사랑을 받고 있다.

서호의 용정. 용정차龍井茶의 이름은 여기서 따왔다.

서호에 꽃이 피면 용정차를 채집할 시기

용정차에 얽힌 재미있는 일화가 있다. 청나라 건륭 황제가 강남지역에 순행을 나왔다가 서호 근처에서 그 해에 난 용정차를 맛보게 되었다. 차를 따는 아가씨의 능숙한 손놀림을 본 건륭은 자신도 배워보겠다고 나섰다고 한다. 그때 태후의 병환이 깊다는 전갈을 받고 건륭은 따던 찻잎을 소매에 넣고 급히 북경으로 돌아갔다. 다행히 태후는 큰 병에 걸린 게 아니었고, 음식을 먹고 체한 것이었다. 거기에 아들을 보고 싶던 마음이 컸기 때문에 아들 얼굴을 보자마자 병이 반은 나았다고 한다. 태후는 아들한테서 나는 은은한 향기를 맡고 무엇인지 물어보았다. 건륭은 그제야 소맷속 찻잎이 생각났고 태후에게 손수 차를 우려 주었다. 태후는 깊고 은은한 맛의 용정차를 마신 후 병이 완전히 나았다고 한다. 건륭은 태후가 완쾌된 것을 크게 기뻐하며 서호 용정사 앞에 있는 차나무 18그루를 '어차御茶'로 책봉했다. 이 일로 용정차는 더욱 유명해졌고 중국 명차 중의 으뜸으로 손꼽히게 되었다.

서호용정차의 모양이 다른 차와 달리 납작한 것도 이 고사와 관련 있다. 건륭 황제는 찻잎을 소매에 넣어 찻잎이 눌려 납작해졌기 때문이다. 나중에 용정차를 만들 때도 그 모양을 본뜬 것이다. 2005년, 중국에서 열린 차 경매에서 '어차'의 경매가는 100그램에 80,000위안2025년 현재 1위안은 약 207원에서 시작해 145,600위안에 낙찰되면서 금보다 더 귀한 것으로 증명되었다.

차의 채집은 계절을 잘 맞춰야 한다. 차 재배 농민들은 "사흘 일찍 딴 차는 보물이지만, 사흘 늦게 따면 잡초"라는 말을 자주한다. 용정차 또한 채집 시기가 아주 중요하다. 용정차의 채집 기간은 1년에 190~200일 정도이고, 차나무 한 그루에서 22회 정도 채집한다. 날씨가 맑으면 새잎을 따고 3일이 지나면 다시 새싹이 돋는데, 이런 식으로 8~9회 정도 채취하면 나무는 휴면 상태에 들어간다.

초여름이 될 때까지 기다렸다가 다시 새싹이 돋아나게 만들 수 있는데 이 시기의 차를 이차二茶라고 부른다. 찻잎은 2센티미터 미만의 어린잎만 골라 잎이 부서지지 않도록 조심해야 하며, 아직 싹이 나오지 않은 어린잎은 남겨두어야 한다. 차를 딸 때는 양손을 모두 쓰는데, 한 손으로는 차를 따고 다른 손으로 딴 찻잎을 바구니에 담아야 한다.

찻잎의 등급은 채취 시기에 따라 결정된다. 최상급의 용정차는 청명 전에 따 가공한 것으로 '명전차明前茶'라고 부른다. 그다음은 청명과 곡우 사이에 딴 '우전차雨前茶'이다.

서호용정차는 잎 모양에 따라 이름이 각기 다르다. 좋은 찻잎으로만 엄선한 연한 잎은 모양이 연꽃 봉오리 같다 하여 연심蓮心이라 하고, 싹 하나와 잎 하나가 있는 찻잎은 깃발과 창처럼 생겼다고 해서 기창旗槍이라고 부른다. 싹이 하나고 잎이 두 개인 찻잎은 참새의 혀처럼 생겼다고 해서 작설雀舌이라고 부른다. 차에 물을 부으면 어린 차의 싹과 잎이 하나하나 피어나면서 깃발이 나부끼는 것처럼 물속에서 아래위로 춤을 춘다. 탕색은 푸르고 투명하며 달콤한 맛이 오래도록 남는다.

용정차는 초제炒制하는 과정에서 색·모양·맛이 결정된다. 초제를 할 때 가장 중요한 것은 불 조절이다. 과거에는 땔감으로 장작이나 숯을 써서 온도 조절이 어려웠지만 지금은 대부분 전기솥을 사용하기 때문에 불 조절이 훨씬 수월하다.

용정차의 초제법은 청과青鍋와 휘과輝鍋, 손바닥으로 살짝 두드리거나 압력

용정촌의 차밭

좌 용정의 새싹 / **우** 좋은 용정차 새싹에 난 솜털

을 주어 모양을 만드는 과정로 나누어진다. 청과는 살청殺靑, 녹차의 산화를 막고 숨을 죽이는 과정과 기본 모양을 만드는 과정을 말한다. 먼저 솥에 신선한 찻잎 120그램을 넣고 솥의 온도를 높였다가 서서히 내려 섭씨 240~300도로 유지한다. 차를 덖을 때는 떨거나抖, 긁어 움켜잡는抓 기법을 사용한다. 어느 정도 수분이 빠지면 다시 누르고, 떨고, 던지는甩 기법으로 모양을 만든다. 이때 가볍게 누르다가 점점 힘을 주면서 막대 모양이나 납작한 모양으로 만든다. 초제가 70~80퍼센트 완성되면 불을 끄고 솥을 내려놓는다. 모든 과정은 12~15분 정도 소요된다.

휘과를 하는 목적은 차의 모양을 완성하고 차를 다시 한 번 더

좌 용정차를 우린 차탕 / **우** 쇄청殺靑한 용정차 새싹

덖어 건조하기 위한 것이다. 보통 청과 4회 분량을 합쳐서 다시 휘과 처리를 한다. 이때 솥의 온도는 섭씨 100도로 맞추고, 20~25분 정도 초제를 한다. 긁어 움켜잡고, 뒤집고扣, 갈고磨, 누르고壓, 미는推 기법을 사용하며 손의 힘을 서서히 세게 한다.

차를 덖는 일은 매우 고된 작업이다. 차를 덖을 때 손이 솥바닥에 닿으면 안 되고 찻잎의 표면에만 접촉해야 하기 때문이다. 게다가 솥의 온도도 섭씨 60도 이상이라 초제를 처음 하는 사람은 손에 화상을 자주 입는다. 그러다 어느 정도 숙달되면 손에 두꺼운 굳은살이 생긴다.

차를 덖는 일은 가업으로 이어받아 기술을 전수받는 경우가 많다. 차의 종류, 수분의 함량, 솥의 온도, 손의 크기, 손의 힘에 따라 덖는 방식이 달라 이론적으로 신경 쓸 부분도 많지만, 실전에서 끊임없이 쌓는 노하우가 훨씬 더 중요하다.

옛날 차 제조공은 보통 열 살 즈음부터 사부 밑에 들어가 불 피우는 일부터 배우기 시작한다. 그때부터 20~30년 동안 수련을 쌓으면서 차를 덖는 기술을 익히기 때문에 뛰어난 차 제조공이 되느냐 마느냐는 개인의 타고난 능력과 근면함에 달려 있다.

용정차는 한 번에 덖을 수 있는 양이 적고 시간도 오래 걸려서 숙련된 차 제조공도 하루에 1,000그램 정도밖에 만들 수 없다. 초제하는 기계가 나오기는 했지만 기계로 덖은 찻잎은 맛·모양·색 모두 수작업한 것과 비교가 되지 않는다. 그래서 모두 수작업으로 덖은 것이라야 최고급 서호 용정차의 영예를 얻을 수 있다.

용정차는 항주의 호포천虎跑泉 물로 우려야 맛이 가장 좋다고 한다. 호포천은 사암과 석영 틈새로 나오는 물인데, 물 분자가 조밀하고 표면장력이 크며 탄산 함량이 낮아 달고 깔끔한 맛이 난다. 용정차는 무늬 없는 투명한 유리잔으로 마셔야 찻잎이 물속에서 퍼져 떠다니는 아름다운 모습을 관찰하기에 좋다.

차와 물의 비율은 약 1:50으로 하고, 먼저 찻잔의 4분의 1쯤 물을 채워 찻잎을 잘 적신다. 차향이 솔솔 나기 시작하면 주전자를 높이 들고 물을 수직으로 따른다. 손목 힘을 조절하면서 주전자를 상하로 올렸다 내렸다 세 번을 반복하면 찻잎이 물속에서 요동친다. 이를 봉황삼점두鳳凰三點頭라 하는데, 찻잎이 물과 충분히 접촉하게 하기 위해 개발한 충포법이다. 삼점두는 손님에게 머리를 세 번 조아리는 것 같은 형상으로, 그 우아한 자태는 손님뿐 아니라 다도에 대한 존경을 나타낸다. 용정차는 모두 세 번 우릴 수 있고, 두 번째 차가 맛이 가장 좋다.

황산모봉黃山毛峰

안휘성에 있는 황산黃山은 중국 5대 명산 가운데 하나로 산세가 웅장하며 해발 1,000미터가 넘는 봉우리가 77개나 된다. 황산의 차 재배 역사는 아주 오래되었으며 명나라 중엽부터 명성을 얻었다. 명나라 때는 황산에서 나는 차를 '황산운무黃山雲霧'라고 불렀는데, 이는 황산의 구름이 바다처럼 펼쳐져 장관을 이루었기 때문이다.

황산모봉은 주로 도화봉, 자운봉, 운곡사, 송곡암, 조교암, 자광각 일대에서 났는데, 모두 해발 700~800미터가 넘는 곳이다. 찻잎의 모양은 작설과 비슷했고 차를 우리면 탕색이 맑으면서 황색을 약간 띠었다. 황산모봉은 향기가 진하고 풍부해 대여섯 번을 우려도 향이 남아 있다. 황산천수黃山泉水로 황산모봉을 우리면 차탕을 하룻밤 동안 두어도 찻잔에 아무 흔적이 남지 않는다고 한다.

좌 명차는 명천을 타야 한다.
우 쇄청 중인 벽라춘

벽라춘碧螺春

벽라춘은 강소성 소주 오현吳縣의 동정산洞庭山에서 생산된다. 그래서 동정벽라춘洞庭碧螺春이라고 부르기도 한다. 벽라춘의 가장 큰특징은 진한 향기다. 현지 주민들은 진한 향기 때문에 정신을 잃을수도 있다는 뜻으로 벽라춘을 '하살인향嚇煞人香'이라 부르기도 했다.

청나라 건륭제가 강남으로 순행을 나갔을 때 현지 관리가 벽라춘을 대접했다. 건륭제가 차를 마시기도 전에 진한 향기가 코를 찔렀고 한 모금 마시자마자 과연 명성 그대로라며 칭찬을 아끼지 않았다고 한다. 그런데 차 이름이 우아하지 못하다면서 벽라춘이란

몽산감로와 이름이 같은 감천甘泉

새 이름을 지어주었다. 벽라춘은 비취처럼 푸른빛을 띠고 소라 모양에 사방으로 가는 솜털이 나 있다.

벽라춘은 유리잔에 마시는 것이 제일 좋다. 찻잎이 수분을 흡수하면 천천히 퍼지면서 부침을 반복한다. 이 모습이 마치 눈꽃이 날리는 것 같아 미각·후각뿐 아니라 시각적인 즐거움까지 더한다. 소주 호구검지虎丘劍池는 당나라 '천하 제5대 명천'으로 불렸다.

몽정감로蒙頂甘露

파촉巴蜀지역은 중국 차 문화의 발상지로 수많은 명차가 생산된

곳이다. 몽정감로도 그중 하나다. 몽정감로는 역사가 가장 오래된 명차로, 당나라 조정에 바쳤던 공차 중에서도 으뜸으로 꼽혔다. 몽산蒙山은 사천성의 명산현과 아안현에 걸쳐 있는 산으로 5개의 봉우리가 마치 연꽃처럼 연결되어 있다. 중간에 가장 높은 봉우리 꼭대기에 평지가 있는데 여기서 몽정감로가 난다. 서한 때 감로대사라는 고승이 중생의 행복을 위해 직접 산꼭대기에서 차를 재배하였기에 '몽정감로'라는 이름이 생겨났다.

몽정감로는 불교와 관련이 있어서 예부터 '선차仙茶'로 추앙받았다. 여기에 얽힌 재미있는 일화가 있다. 병에 걸린 한 스님이 길에서 우연히 노승을 만났다. 노승은 그에게 춘분 전후에 새싹이 나기 3일 전 몽정차 찻잎을 많이 따면 병이 낫는다고 했다. 스님은 노승의 지시대로 찻잎을 땄고, 거짓말처럼 병이 나으면서 얼굴까지 젊어졌다고 한다.

몽정감로는 가늘고 길며 잎이 연하고 윤기가 흐른다. 차를 우리면 진한 향기가 가득 퍼지고, 탕색은 푸르며 맛은 깔끔하면서 뒷맛이 달콤하다. 그중에서도 두 번째 우린 차의 맛이 가장 뛰어나다.

홍차

오늘날 세계적으로 생산량이 가장 많고 음용 지역이 가장 넓은 차는 홍차다. 발효차에 속하는 홍차는 위조萎凋, 찻잎의 수분 함량이 일정 정도

몽산蒙山 산문

까지 줄어들게 만드는 것, **유념**揉捻. 찻잎의 세포를 분쇄하여 즙이 나오게 비비는 것, **발효**, 건조 과정을 거쳐 만들어진다.

홍차는 녹차와 다른 특성을 지녔다. 우선 녹차의 탕색이 녹색인 데 비해 홍차의 탕색은 오렌지색에 가깝다. 또 홍차는 증청이나 초청을 거치지 않고 발효시켜 만든 차이기 때문에 가공 과정에서 찻잎의 성분이 화학 반응을 일으킨다. 그 결과 폴리페놀은 90퍼센트 이상 감소하고, 테아플라빈과 테아루비진이란 새로운 성분이 생긴다. 이 두 성분의 비율이 적절하면 홍차의 색이 붉고 선명해진다. 녹차가 맑고 은은한 차 그대로의 맛이라면, 홍차는 발효를 거치며 향이 더욱 진하고 풍부해지는 것이 매력이다.

홍차는 청나라 때 처음 생산되었기 때문에 녹차에 비하면 조카뻘이라고나 할까? 하지만 청나라 말 중국의 대외 무역에서 중요한 위치를 차지했고, 유럽과 미주로 팔린 중국차 대부분이 홍차였다. 홍차의 원산지는 복건 일대지만 후에는 남방의 각 성으로 전파되었다.

중국 홍차의 종류는 소종홍차小種紅茶, 공부홍차工夫紅茶, 홍쇄차紅碎茶가 있다. 소종홍차는 중국 최초의 홍차로 복건 숭산 일대에서 생산되었고, 공부홍차는 소종홍차를 개량한 특산품으로 중국의 대표적인 홍차다. 홍쇄차는 인도에서 개발한 품종으로 스리랑카에서 나는 홍차가 대부분 여기에 속한다. 중국에서 홍쇄차는 1950년대 처음 재배되었다.

중국 공부홍차는 산지에 따라 이름이 다른데, 안휘 지역은 기문공부祁門工夫, 운남 지역은 진홍공부鎭紅工夫, 강서 지역은 영홍공부寧紅工夫, 복건 지역은 민홍공부閩紅工夫라고 부른다.

기문공부祁門工夫

기문공부는 100여 년의 역사를 갖고 있다. 청나라 말기에 복건에서 파직당한 한 관리가 홍차 제조법을 배워 고향 안휘성으로 돌아갔다. 그는 고향에 홍차를 만드는 기문차장祁門茶莊을 만들고, 소종홍차를 개량해 기문공부라는 독특한 홍차를 개발했다.

좌 발효를 거쳐 건조한 기문홍차
우 기문홍차祁門紅茶 밭

기문공부는 청명 전후에 채엽한 것으로 만들며 초제와 정제 과정을 거친다. 신선한 찻잎에 초제 처리를 한 것을 모차毛茶라고 하는데, 이를 무게·색·형태에 따라 분류한 다음 정제 과정을 거친다. 그다음 분류한 모차는 밀폐된 곳에서 건조해야 하고 이때 반드시 저온으로 천천히 건조해야 차향이 진해진다.

기문공부의 찻잎은 검은색으로 약간의 회색 광택이 나는데 이를 가리켜 '보광寶光'이라고 한다. 기문공부의 탕색은 선명한 홍색이고 향이 진하고 뒷맛이 오래가며, 가공 방법에 따라 꿀향·꽃향·과일향 등 다양한 향이 난다. 이것이 바로 기문공부차를 유명하게 만든 '기문향'이다.

오룡차烏龍茶

복건 지역은 중국차의 본고장으로, 송나라 공차는 대부분 복건 지역에서 조달되었다. 명성이 높았던 용봉단병龍鳳團餅 역시 복건에서 만들어졌고, 많은 이들이 용봉단병이 오룡차의 전신이라고 생각한다.

청차靑茶라고도 하는 오룡차는 녹차와 홍차 중간의 반발효차로 명나라 말기, 청나라 초기에 만들어졌다. 오룡차는 녹차의 살청殺靑과 홍차의 발효법을 동시에 쓰기 때문에 녹차와 홍차의 특징을 모두 다 가지고 있다. 오룡차를 마시면 녹차의 깔끔함과 홍차의 깊은 향기를 동시에 느낄 수 있다. 맛뿐 아니라 모양도 이 둘의 특징이 나타나 잎은 녹색이고 가장자리는 붉은색이라 매우 아름답다. 오룡차를 우리면 찻잎은 녹차나 홍차보다 더 커지고 맛이 진해서 여러 번 우릴 수 있다.

주요 산지는 복건 · 광동 · 대만이며, 안계철관음安溪鐵觀音 · 무이대홍포武夷大紅袍 · 동정오룡凍頂烏龍 등이 유명하다. 또 오룡차는 중국 다예 시연에서 쓰이는 대표적인 차이기도 하다. 오룡차는 섬세한 다구가 어울리기 때문에 다호와 찻잔도 작은 것을 준비해야 한다.

오룡차

보통 다호의 4분의 3 정도 물을 채운 후 끓는 물을 조금 넣고 찻잎을 한 번 헹군다. 헹군 물을 버리고 다시 다호에 물을 붓고 2~3분간 우린 다음 찻잔에 따라 먼저 향기를 맡고 맛을 음미한다.

안계철관음 安溪鐵觀音

복건성 안계현은 산맥의 동남쪽 비탈에 자리 잡고 있다. 이 지역에서 생산되는 50여 종의 차 가운데 철관음이 가장 유명하다. 관음觀音은 중국 불교 문화에서 제일 사랑받는 보살로, 민간에서는 관음이 중생을 가장 잘 도와주며 그들의 고충에 귀 기울여 준다고 생각했다.

관음을 신봉하던 한 노인이 있었는데, 이 노인은 몇십 년 동안 하루도 거르지 않고 아침저녁으로 관음상 앞에 청차를 올렸다고 한다. 어느 날 그는 꿈에서 개울 옆 바위 틈새에 있는 예사롭지 않아 보이는 차나무를 보았고 찻잎을 따려는 순간 개가 짖어 깼다고 한다. 잠에서 깬 노인은 기억을 더듬어 꿈속에서 본 장소를 찾아갔는데 그곳에 정말 차나무가 있었다. 노인은 차나무를 가져와 집에 심었고, 찻잎이 너무 향기로워 멀리서도 그 향기를 맡을 수 있었다고 한다. 사람들은 관음보살의 보살핌으로 발견했고, 찻잎이 실하고 색도 강한 것이 '철'과 비슷하다고 해서 '철관음鐵觀音'으로 이름을 지었다.

철관음 차나무는 생명력이 강하지 않다. '철관음은 맛은 좋지만 키우기 힘든 나무'란 말도 있다. 철관음은 3월 하순 새싹이 나기 시작하고 5월 하순에 채집한다. 사계절 내내 채엽이 가능하지만 봄에 채집하는 춘차의 양이 가장 많고 가을에 채집하는 추차의 향이 가장 진하다.

좋은 철관음은 잎이 말려 있고 힘이 있으며 묵직하다. 윗부분은 잠자리 머리 같고 중간은 나사 모양이며 끝 부분은 개구리 다리처럼 생겼다. 좋은 철관음은 잎 표면에 얇은 백상白霜, 하얀 테이 있는데 이를 '사록沙綠'이라고 한다. 백상이 생기는 이유는 철관음의 제조 과정과 관계가 깊다.

철관음을 살청한 후 흰 천으로 찻잎을 싸고 가볍게 비비면서 찻잎을 작게 만든다. 말리고 비비는 과정을 몇 번 거친 후 저온에서 구우면 잎에 있던 카페인이 응고되는데 이때 백상이 생긴다. 제다 과정을 거친 철관음은 등급별로 선별한다. 줄기가 없는 것은 정제차, 있는 것을 모차毛茶라고 하며, 정제차가 모차보다 품질이 우수하다.

철관음은 유념 과정을 25번 정도 거치기 때문에 찻잎이 말려 있고 조직이 단단하다. 그래서 다호에 넣을 때 맑고 청아한 소리가 나는 것이 좋은 철관음이다.

철관음은 펄펄 끓는 물로 우려야 향이 충분히 발산된다. 철관음을 우리면 처음에는 물푸레나무 향과 연한 밤 향기가 나는데 이

복건 안계차 제조 공장

것이 바로 오룡차와 가장 큰 차이점이다. 철관음 차탕은 황금색으로 색이 진하면서 맑다. 물에 우린 철관음 엽저葉底, 잎의 아랫부분는 두껍고 크며 광택이 약간 난다. 철관음은 조금씩 음미하며 마셔야 하는데, 특히 혀뿌리를 가볍게 돌려 혀에서 차맛을 충분히 느끼게 한 다음 천천히 삼키면서 깊은 맛을 음미하면 된다.

철관음에는 칼륨·불소 등 30여 종의 미네랄이 들어 있는데, 특히 셀레늄의 함량이 가장 높다. 이러한 미네랄은 면역 단백질과 항체 생성을 촉진해 면역력을 높여주며 심장 질환에도 효과가 있

복건 무이산 차밭

다. 이 밖에도 철관음의 향기는 몸과 마음을 가볍게 하고 건강에 도움을 주는 등 많은 이점이 있다.

무이암차武夷巖茶

무이암차는 옛날부터 오래도록 사랑받던 복건의 대표적인 차로, 복건 무이산 지역에 나는 오룡차의 총칭이기도 하다. 예전에 차의 길을 통해 러시아로 팔려 나갔던 차가 바로 무이암차이다. 유럽이나 북미 지역에 많이 팔렸기 때문에 유럽인에게 무이암차는 중국

차의 대명사처럼 되었다.

무이암차는 제다 과정이 매우 정교하며, '요청搖靑'이라는 독특한 과정을 거친다. 요청이란 30분마다 찻잎을 흔들어 발효를 진행시키면서 수분을 조절하는 방법이다. 우선 찻잎을 채집하여 그늘과 햇볕에 번갈아 말린 다음 얇은 광주리에 놓고 요청을 한다. 이 과정에서 찻잎은 마찰 때문에 가장자리가 손상되고, 그 부분이 공기와 만나 산화되면서 붉게 변한다.

대홍포大紅袍는 무이암차 중에서 가장 뛰어난 극품으로 300년 전부터 만들어졌다. 현재 대홍포 차나무는 무이암산 절벽에 단 세 그루만 남았는데, 나무 나이가 1,000년을 넘었다. 대홍포의 찻싹은 약간 붉은색을 띠는데 멀리서 보면 붉은 천을 드리운 것 같다고 해서 '대홍포'란 이름이 붙었다. 대홍포는 봄에 사다리를 타고 채집해야 하기 때문에 양이 아주 적어 가격이 꽤 비싸다.

흑차黑茶

흑차는 후발효차로 우연한 기회에 발명되었다. 역사적으로 볼 때 차는 운남·사천·호북·호남 등지에서 생산되어 여러 경로를 거쳐 머나먼 서부 지역으로 옮겨졌다. 배나 말에 차를 실어 운반하면서 습기를 머금었다 건조되는 과정이 반복되면서 화학 반응이 일어났고, 바람과 햇볕을 받아 색 또한 흑갈색으로 변했다. 그런데 오히려 향이 더 좋아져 서부 지역에서 사랑을 받기 시작했다.

사람들은 이 우연히 만들어진 차의 제조법을 다시 정리했고 인공적으로 흑차를 만드는 방법을 발견했다. 먼저 생잎에 살청과 유념을 한 후 쌓은 다음 물을 뿌려 발효시키고 다시 건조하면 된다. 흑차의 탕색은 갈황색인데 향이 깊고 진한 맛을 느낄 수 있다.

흑차와 녹차는 원료부터 음용법까지 매우 다르다. 흑차는 싹 하나에 잎이 5~6개인 다 자란 잎을 사용하지만, 녹차는 어린잎만으로 만든다. 녹차는 두세 번 우리면 맛이 떨어지지만, 흑차는 여러 번 우릴수록 깊은 향과 맛을 느낄 수 있으며 오래된 것일수록 향이 더 진하다. 보이차와 육보차六堡茶가 대표적인 흑차다.

차마고도의 마을, 운남 여강

운남 서쌍판납의 보이차

보이차 普洱茶

보이차는 단차團茶의 일종으로 차의 생산지이자 집산지였던 운남 보이현의 이름을 따 '보이차'라고 불린다. 보이차는 운남의 특산품으로 2,000여 년의 역사를 갖고 있다.

명대 주원장이 산차散茶를 마실 것을 권장하면서 단차는 점점 설 자리를 잃었지만 보이차는 예외였다. 다른 단차가 다 소멸될 때도 보이차는 건재했고 오히려 더 많은 사랑을 받았다.

청나라 왕실 귀족과 문인 들이 보이차를 즐겨 마시면서 전성

운남 대리의 하관下關차 공장에서 나온 타차沱茶

기를 맞았고, "여름에는 용정차, 겨울에는 보이차를 마신다."라는 말이 생길 정도였다. 조정에서는 보이차를 공차로 지정하고, 매년 39,600킬로그램을 상납하라고 했다. 당시 보이차는 사모와 서쌍판납 일대에서 생산되었고, 보이현과 사모에서 가공되었다. 명청 시대에 들어서면서 보이차는 차마고도를 따라 중국 내륙과 티베트로 운반되었고, 동남아시아의 베트남·미얀마·태국 및 유럽까지 전파되었다.

보이차는 건강에 좋은 효능을 많이 갖고 있다. 특히 소화를 돕는 기능이 탁월해 해외에서도 몸에 좋은 차라는 뜻으로 익수차益壽茶라고도 불렀다. 러시아의 대문호 톨스토이의 『전쟁과 평화』에도 보이차는 '신기한 차'라고 언급되었다.

운남은 고원 지역이라 교통이 불편해 과거에는 운송 시간이 오래 걸렸다. 전통 기법의 보이차는 원래 후발효차다. 수증기로 찐 찻잎이 자연 산화되고 운반 중에 비·바람·햇볕에 의해 온도와 습도가 달라지면서 화학 반응이 일어났던 것이다. 이것은 피할 수 없는 자연적인 발효 과정이었다.

보이차는 크게 생차生茶와 숙차熟茶로 나뉜다. 간단한 살청 가공만 거친 것이 생차, 찻잎을 쌓아놓고 물을 뿌려 발효시킨 것이 숙차다. 보이차의 가장 큰 매력은 오래되면 오래될수록 깊은 향이 난다는 데 있다. 보통 생차는 10년 정도 방치하고, 숙차는 2~3년 묵히

보이차 어린잎

는 것이 맛이 가장 좋다.

보이차는 오래된 것이 상품이기는 하지만 가격이 너무 비싸기 때문에 대부분은 그 해에 딴 햇차를 사서 몇 년을 묵혔다가 마신다. 이런 이유로 보이차 수집 열풍이 불었고, 보이차를 대량으로 사두었다가 몇 년 후에 값이 오르면 비싼 값에 팔아 돈을 벌기도 한다. 유럽인들이 포도주로 재테크하는 것과 비슷하다.

좋은 보이차는 모양이 길쭉하다. 잎의 주름이 가지런한 것이

상품이며, 주름이 어지러울수록 등급이 떨어진다. 진품 보이차는 잎이 부드러우며 약간 붉은색을 띤 검은색으로 광택이 있다. 보이차 숙차는 인공적인 발효 과정을 거쳤기 때문에 진한 갈색이나 흑색이 되고, 잎이 홀쭉하고 질기다. 발효가 심하게 되었을 경우 불에 구운 것 같은 선명한 흔적이 잎에 남는다.

보이차 숙차는 은은한 향이 있고 10년 이상 된 생차는 깊은 향기가 난다. 보이차의 탕색은 맑고 선명하며 표면에 기름 같은 얇은 막이 뜬다. 엽저는 부드럽고 모양이 그대로다. 좋은 보이차는 뒷맛이 달콤하고 깔끔한 반면, 품질이 떨어지는 보이차는 우리면 검은색으로 변한다.

보이차를 우리는 방법도 중요하다. 우선 딱딱한 나무나 대나무로 된 막대기로 보이차를 한 겹씩 뜯어내 부스러기가 생기지 않게 한다. 부순 보이차는 2주일을 방치한 후 마시면 맛이 가장 탁월하다. 보이차를 우릴 때는 보통 큰 다호를 쓰는데, 열기가 빨리 식는 걸 방지하기 위해서다.

물의 온도는 차 종류에 따라 다른데, 입자가 큰 병차나 전차, 긴차緊茶와 진차陳茶는 펄펄 끓는 물에 우리는 것이 좋고 입자가 부드러운 찻잎은 이보다 조금 낮은 온도로 우려야 한다. 차를 처음으로 우린 물은 세차洗茶라 하여 마시지 않고 버리고 두 번째 우린 차부터 마신다. 이때부터 우리는 시간을 조금씩 길게 해야 한다. 차를

다양한 형태의 긴압차緊壓茶

중국 도교 명산 무당산武當山

따를 때는 우려낸 차의 50~60퍼센트만 따르고, 남은 물에 찻잎을 더 담가두어 진한 차향이 우러나오도록 한다. 탕색이 연하거나 맛이 흐려졌다면 다시 끓는 물을 붓고 30분 정도 두었다가 마시면 된다. 그 후에는 차를 다시 우리지 않으며 마지막으로 우린 보이차를 최고로 꼽는다.

황차黃茶

녹차 제다 과정에서 살청과 유념을 한 후에 건조가 덜 되거나 시간을 잘못 맞추면 찻잎이 노란색으로 변한다. 이렇게 만들어진 것이 바로 황차다. 처음에 황차는 품질이 아주 떨어지는 녹차 취급을 받았지만 의외로 황차를 좋아하는 사람들이 늘어났고, 황차만 고집하는 사람들도 생겼다. 황차는 발효차의 일종인데, 발효시키는 과정을 민황悶黃이라고 부른다.

황차 중 가장 유명한 것은 중국 10대 명차의 하나인 호남 군산은침君山銀針이다. 군산은침을 우리면 잎이 모두 수직으로 서고, 찻잔 안에서 위아래로 움직이다 마지막에 바닥에 선다. 땅을 뚫고 나온 죽순 같기도 하고 칼집에서 뺀 칼의 모습을 닮아 모양도 아름답고 맛도 뛰어나다.

백차白茶

백차는 위조萎凋와 건조만을 거친 약발효차弱醱酵茶다. 싹 하나에 잎이 두 개며 모두 흰 솜털이 있는 찻잎을 쓰기 때문에 백차라고 부른다. 당송 시대에는 백차를 귀하게 여겼는데, 당시의 백차는 오늘날과 달리 찻잎이 흰 것만을 지칭하는 말이었기 때문에 더욱 희귀했다고 한다. 복건의 백호은침白毫銀針과 백목단白牧丹이 백차 중에서 가장 유명하다.

복건의 백호은침

위에서 이야기한 여섯 가지 차 외에도 긴압차緊壓茶와 화차花茶가 있다. 긴압차는 모차에 고온의 수증기를 가한 후 압축한 것으로 형태에 따라 병차·차전茶磚, 차단茶團으로 나뉜다. 긴압차 중에서도 운남의 타차沱茶가 가장 유명하다. 화차는 식용 꽃을 건조해 만든 차로 1,000년 전부터 마셨다. 대표적인 화차는 재스민과 국화차다. 재스민은 중국 북방 지역에서 많이 마시고, 국화차는 항주 지역의 국화로 만든 공국貢菊이 가장 사랑받는다.

【제7장】

아름다운 다구

당나라 이전에는 특별히 다구가 없었고, 다기와 식기를 명확히 구분하지 않았다. 그러나 음다 풍조가 유행하면서 다기도 점점 세분화되고 정교해졌다. 육우는 차를 채집해서 제조할 때 차를 담고 말리고 끓이는 과정에서 필요한 다기가 20여 종이 넘는다고 했다. 이것만 보아도 당송 시기 도자기 공예가 음다 풍조의 성행에 힘입어 빠르게 발전했다는 것을 알 수 있다.

당나라 사람들이 썼던 다완茶碗은 크게 청자, 백자, 흑자 세 종류였다. 청자는 절강의 월요越窯, 무주요婺州窯, 구요甌窯, 섬서의 요주

음다 풍조가 유행하면서 중국 도자업 발전을 촉진했다.

요耀州窯의 것을 썼고, 백자는 하북 형요邢窯, 흑자는 절강 덕청德淸에서 나오는 것을 썼다.

『다경』에서는 차와 가장 잘 어울리는 것이 청자이며, 백자나 황갈색 도자기는 차의 색을 붉은빛 · 자줏빛 · 검은빛으로 보이게 해 좋지 않다고 했다. 청자 중에서는 월주 청자를 최상품으로 평가했으며, 종종 형주 백자와 비교했다. '형주 백자는 은이요, 월주 청자는 옥이다', '형주 백자는 눈이요, 월주 청자는 얼음이다', '형주 백자는 차의 색을 붉게 만들지만 월주 청자는 차의 색을 푸르게 만든다'라는 말이 있을 정도로 월주 청자는 높은 평가를 받으며 널리 알려졌다. 이런 사실은 중국의 도자업 발전 역사에서도 확인할 수 있다. 청자를 만들기 시작한 동한 때부터 당나라까지 청자를 만들었던 도요지 가운데 발전 속도가 가장 빠르고, 가마 수나 분포 지역이 많고 품질이 최고인 곳이 실제로 월주였기 때문이다.

송나라 때 이르러 차를 끓여 마시는 점차가 유행하면서 차탕이 백색인 것을 으뜸으로 쳤다. 게다가 투다까지 성행하면서 검은 유약을 바른 흑유자기 잔이 가장 많은 사랑을 받았고, 청자와 백자를 만들던 유명한 도요지들도 모두 흑자를 굽기 시작했다.

고대 문헌에서 가장 높은 칭송을 받은 것은 복건 건양현에서 생산된 '토호兎毫'와 '유적油滴'이라는 흑유자기이다. 이들은 두께가 약간 두껍고 보온성이 뛰어나 투다를 즐기는 귀족들이 좋아했을 뿐 아니라 궁정에 공급되기도 했다. 흑자의 인기로 인해 청자와 백자 찻잔은 자연히 대중의 관심 밖으로 밀려났다.

명나라 때 잎을 우려 마시는 산차가 유행하면서 다호가 나오기 시작했다. 뚜껑이 없는 기존 찻잔은 차가 충분히 우러나지 않아 향이 잘 퍼지지 않고, 보온도 잘 안 되었기 때문이다. 작은 다호로 차를 우리는 것은 16세기 말부터 유행하기 시작해 지금까지 이어지고 있다.

그중 가장 대표적인 것이 자사호紫砂壺인데 자사호는 중국 도자기의 고향이라 불리는 의흥宜興에서 만들어졌다. 의흥은 태호太湖 근처로서 당나라 때부터 이미 차 생산지로 유명했다.

송나라 때 제작된 마름꽃 무늬 토호

항주 호포虎跑 다실

자사호는 당나라 말에 만들어지기 시작해 명나라 때는 유명한 자사호 명인이 배출되기 시작했다. 자사호는 자연의 경지를 추구하던 명나라 사람들의 풍조와 딱 맞아떨어져 크게 유행했다. 자사호는 통기성이 좋아 차의 향기는 잡아주고 숙탕熟湯 냄새가 나는 것도 막아준다. 겨울에는 보온이 잘 되며 여름에는 오래 두어도 맛이 변하지 않는다.

자사호를 오래 쓰면 안쪽 벽에 차의 찌꺼기가 뭉치는데 이는 오히려 차향을 진하게 만든다. 자사호는 작고 귀여우며 모양이나 조각이 정교하다. 자사호를 쓸 때 손과 마찰되는 부분은 시간이 오래되면 자줏빛 광택이 생기고 손으로 가볍게 두드리면 은은한 편경 소리가 난다.

자사호는 안팎에 유약을 바르지 않으며 모양이 단정하고 소박하며 자연스럽다. 자사호 바깥쪽에는 조각을 하고, 바닥에는 명문 銘文을 찍었다. 이처럼 자사호는 다도에 서예·회화·조각 등 다른 문화적 요소가 결합되면서 단순한 다호의 실용적 가치를 뛰어넘어 풍부한 문화적 가치를 지니고 있다.

청나라 때는 도자기 산업이 고도로 발전하는 동시에 차의 품종도 매우 다양해졌다. 사람들은 차에 따라 각기 다른 다구를 사용하고자 했고, 다구 선택의 폭도 점점 더 넓어졌다. 의흥 자사호뿐 아니라 오색·분홍색·법랑 등 모양과 색이 화려한 다구들이 출현했고, 사람들이 차를 마시는 동안 예술적 만족감을 극대화했다.

청나라 옹정 청화 다관과 다완 세트

현대에는 보통 차의 종류에 따라 다구를 결정한다. 화차는 배가 불룩한 도자기 다호에 마셔야 차 향이 날아가지 않고, 녹차는 유리잔에 마셔야 청아한 향·색·모양을 감상할 수 있다. 오룡차·홍차·보이차는 자사호로 마실 때 맛이 가장 뛰어나다.

다선일미

茶禪一味

소주 호구선사 虎丘禪寺의 문

중국 불교는 동남아시아에서 전파되었다. 불교가 중국에 들어와 현지화되는 과정에서 차와 깊은 관계를 맺었고, 실제로 차 문화에 지대한 영향을 미쳤다. 이러한 불교의 영향은 '다선일미茶禪一味'라는 말에서도 쉽게 짐작할 수 있다.

『다경』을 보면 "차의 맛은 지극히 차며 정신을 집중해 정진하고, 검소한 행실을 추구하거나 덕 있는 사람이 마신다."라고 되어 있다. 좋은 차는 처음에 우렸을 때는 떫고 쓴맛이 나지만 여러 번 우리다 보면 그 속에서 오히려 달콤한 맛이 나는데, 차의 이런 점이 불교의 이고득락離苦得樂의 경지와 통한다고 생각했다.

『다경』을 보면 일찍이 위진남북조 시대부터 승려들은 차를 즐겨 마셨고, 명산의 사찰에서는 모두 차를 재배했다고 한다. 이는 서양에서는 기독교 교회 안에 포도밭을 만들고 직접 포도주를 담그는 것과 기가 막히게 닮았다.

중국에는 "유명한 사찰에서 명차가 나온다."라는 말이 있다. 이를 증명하듯 몽정감로蒙頂甘露 역시 한대 몽산蒙山 감로사 보혜선사普慧禪師가 직접 재배한 것으로 진晉대부터 황제에게 진상되었다. 또 복건 무이산에서 나는 무이암차 중에서도 사찰에서 생산되는 수성미壽星眉, 연자심蓮子心, 봉미용수鳳尾龍鬚가 명성이 가장 높다. 북송 시기 강소 동정산 수월원의 한 승려가 차 만드는 기술이 아주 뛰어났는데 사원의 이름을 따 '수월차水月茶'라 불렀다고 한다. 이것이 바로 그 유명한 벽라춘이다.

　한나라 때 중국에 불교가 전파된 후 기존의 유교·도교와 융합되면서 중국의 문화적 특색이 뚜렷한 불교 종파인 선종이 나타났다. 선종은 석가모니가 영산 설법에서 말없이 연꽃을 들었을 때 제자인 가섭만이 그 뜻을 알았다고 하는 데서 유래하였으며, 마음에서 마음으로 전해지기 때문에 불심종佛心宗이라고도 한다. 선종에서는 모든 사람에게 불성이 있어 누구나 부처가 될 수 있다고 한다.

　선禪은 마음을 닦고 걱정을 없앤다는 범어이다. 선종은 수행 순서에 따라 돈종頓宗과 점종漸宗으로 나뉜다. 점오漸悟를 주장하는 사람들은 인간의 마음은 원래 깨끗하지만 편견과 망상으로 더럽혀졌다고 믿었다. 그래서 수행자는 거울의 먼지를 닦는 것처럼 더러워진 마음을 끊임없이 닦아야 한다고 주장했다. 반대로 돈오頓悟를 주장하는 사람들은 힘든 수행은 불필요하며, 맑고 깨끗한 마음을 가지면 자기 안의 불성을 발견할 수 있다고 했다.

　점종에서 가장 일반적인 수행 방법은 좌선이다. 다리를 가부좌로 틀고 머리와 등을 곧게 세워 기대거나 구부리지 않고, 천천히 고요한 상태인 입정入定에 들어간다. 점종에서 좌선할 때는 꼭 차를 마셨는데, 차에 각성 효과가 있어 졸리지 않고 정신을 맑게 하는 동시에 독한 술처럼 사람을 과도하게 흥분시키진 않아 좌선에 큰 도움이 되었다.

소주 호부선사 편액

불교에서는 차에 삼덕이 있다고 믿는다. 밤새도록 졸리지 않게 하고, 배부를 때 소화를 도우며, 욕망을 잠재워 평화롭게 하는 것을 말한다. 문헌 기록을 보면 이미 동진東晉 때부터 좌선할 때 차를 마신 것으로 나타나 있다. 단도개單道開라는 승려가 잠 귀신을 쫓기 위해 날마다 약을 먹고, 차에 생강·계피·귤껍질·대추 등을 넣고 같이 끓인 차소茶蘇를 먹었는데 후대에 여러 승려들이 이 방법을 따랐다고 한다.

점종의 '정화淨化' 관념은 중국의 차 문화 발전에 지대한 영향을 미쳤다. 선종이 부흥했던 당나라 때 사람들은 차에 여러 가지를 첨가해 먹던 습관을 버렸다. 특히 어릴 때 사찰에서 자랐던 육우는 진정한 차맛을 잃어버린 '다소'를 형편없는 음식이라고 생각했는데 그의 이런 생각은 『다경』에도 잘 나타난다. 『다경』에 따르면 "차에 파·생강·대추·귤껍질·수유·박하 등을 넣고 오랫동안 끓이는데… 이는 도랑에 물을 버리는 것과 같다."라고 지적했다.

사람들은 차 본연의 순순하고 깊은 맛에 관심을 갖기 시작했는데 이는 자신의 마음을 정화시켜 진심을 발견하자는 선종과 같은 맥락으로 볼 수 있다.

점종과는 달리 돈종은 고된 좌선을 버리고 대신 참선을 할 것을 주장했다. 참선 중에서 가장 대표적인 방법이 참화두參話頭인데, 알 수 없는 질문과 답변으로 사견邪見을 없애고 참된 깨달음을 얻는 방법을 말한다. 돈종에서는 돈오란 원래 대근기大根器만 이룰 수 있는 수행이라고 했다. 즉 천성적으로 타고난 능력이 있는 사람만 돈오의 경지에 이를 수 있고 그렇지 못한 사람은 점종으로 수행을 하는 것이 더 낫다는 것이다.

그러나 돈종의 방법이 더 쉽고 간단하며 융통성이 있었기 때문에 많은 사람들이 몰려들었고 불교의 한 종파로 자리 잡았다. 시간이 지나면서 점종에서 돈종으로 바꾸는 사람들이 나타났는데 도일道一도 그중 한 사람이다. 하지만 도일은 돈종으로 바꾼 후에도 좌선

을 고집했고, 그의 사부는 그에게 가르침을 주기 위해 묘안을 생각
해냈다. 어느 날 사부는 도일 앞에서 벽돌 하나를 가져와 갈기 시작
했다. 도일이 사부에게 물었다.

"사부님, 벽돌로 무엇을 하려고 하십니까?"

"거울을 만들고 있다."

도일이 다시 물었다.

"벽돌을 갈아서 어떻게 거울을 만들겠습니까?"

"벽돌을 갈아서 거울을 만들지 못한다면 좌선을 한들 어떻게
부처가 될 수 있겠는가?"

돈종은 좌선을 하지는 않았지만 수행할 때 차가 꼭 필요하다고
주장했다. 특히 '참화두'를 위해 승려들은 집회를 자주 열었고, 사
방으로 행각을 하러 다녔기 때문에 차는 그들의 일상생활에서 없어
서는 안 될 필수품이었다.

당나라 때 유명했던 조주趙州 스님 역시 차를 즐겨마셨다. 참선
을 하거나 진리를 깨우치기 위해 제자들이 찾아오면 언제나 '끽다
거喫茶去, 차나 들고 가게나!'라고 대답했다. 당시 차는 소금이나 기름처럼
일상에 꼭 필요한 것이었기 때문에 신분과 지위를 막론하고 모두
차를 즐겨 마셨다.

조주 스님이 진리가 무엇이냐는 질문을 받을 때마다 차를 마시
러 가자고 대답한 것은 다 나름대로 이유가 있다. 그는 참선은 신비

소주 호부선사

항주 영은사靈隱寺 미륵불

한 것도, 특별한 것도 아니며, 어려운 말로 설명할 필요가 없는 것이라고 생각했다. 우리가 흔히 마시는 차처럼 진리는 수행을 실천하면서 자연스럽게 체득되는 것이라는 깊은 뜻을 담고 있었다.

차는 선종의 의미와 진리를 설명하는 데 종종 사용되었다. 돈종의 경전인 『경덕전등록景德傳燈錄』을 보면 차에 관해 60~70번 언급한다. 그중에 '승려의 가풍이 무엇이냐고 물었더니, 식후 차 석 잔을 마시는 것'이라는 대목도 있다. 선은 말과 글을 초월한 것이다. 음다가 단순히 차를 맛보는 것 이상의 정신적 과정이듯 돈오 또한 직감이나 순간적인 깨달음을 통해 인간이 정해놓은 규정이나 한계를 뛰어넘는 것이다. 이는 당시로서는 사상의 혁명이라고 해도 지나치지 않다.

유명한 선사는 대개 차 전문가이기도 하다. '다도'라는 말도 육우의 친구이자 시인인 교연皎然이 제일 먼저 썼고, 그를 다도의 창시자라고 여기는 사람들도 있다. 교연은 차에 대한 시를 지었는데, 다음의 '품다가品茶歌'도 그의 작품이라는 설이 있다.

한 번을 마시면 흐린 잠을 깨워주고, 밝고 시원한 정이 천지에 가득하네.
두 번을 마시니 정신이 맑아지고, 홀연히 비가 내려 티끌을 날리네.
세 번을 마시고 바로 득도를 하니, 어찌 고민과 번뇌가 있으리.

선종은 하층민들에게 큰 영향을 미쳤을 뿐 아니라 통치자들에

청나라 옹정 청자 유약 다호

게도 환영받았다. 당나라 희종 황제는 섬서 법문사^{法門寺} 지하 궁전에 금은 다구를 수장했는데 모두 황실 내 최고의 다구만 쓰였다. 다구가 불교의 성물 사리와 같은 곳에 보관된다는 것만 보아도 다선일미를 얼마나 중시했는지 알 수 있다.

예전부터 명사는 물맛을 알고, 고승은 투다를 좋아했다고 한다. 그래서 사찰에는 전문적으로 차를 키우는 다승^{茶僧}과 차를 끓이는 다두^{茶頭}, 차를 시주하는 시다승^{施茶僧}이 있었으며, 다당^{茶堂}과 다료^{茶寮}에서는 승려들이 차를 마시고 경전을 읽으며 선종의 교리를 논하도록 했다.

태평太平 후괴猴魁가 생산되는 안휘의 깊은 산

법당에는 보통 북과 종이 있는데, 동북쪽 끝에 있는 것을 법고^{法鼓}, 서북쪽 끝에 있는 것을 다고^{茶鼓}라고 불렀다. 다고는 속이 빈 나무를 물고기 모양으로 만든 북이다. 설법을 할 때는 법고를, 다 같이 모여 차를 마실 때는 다고를 울렸다. 새해가 되면 승려들은 한자리에 모여 자신들이 재배한 차를 맛보는 의식을 가졌는데 이를 '보다^{普茶}' 의식이라 한다.

절강 천목산^{天目山} 경산사^{徑山寺}는 '강남 선림의 지존'으로 손꼽힌다. 경산사는 해마다 봄이 되면 다연을 열어 사원의 주지법사가 직접 차를 만들고 다승은 참석한 승려와 손님들에게 차를 대접한다. 손님들은 차를 받은 후 우선 차의 향기를 맡고 색을 감상한 후 맛을 보고 차를 평가한다. 남송 시기에는 사원에서 몇천 명이 참석하는 대형 다연이 자주 열렸고, 차를 마시는 방법도 규범화해 일종의 불교 의식이 되었다.

당나라 승려들이 차나무에 그늘을 만들어주는 독특한 차 재배 방식을 발견했다는 기록이 있다. 차나무와 대나무를 사이사이에 심어 대나무 숲이 차나무의 그늘을 만들고 대나무의 맑은 향기를 흡수하게 했던 것이다. 또한 승려가 손님을 접대하기 위해 찻잎을 따 솥에 넣고 덖었더니 차의 향기가 방안에 가득했다는 기록도 있는데, 이것이 초청법^{炒靑法}에 대한 최초의 기록이다.

불교에서 차가 갖는 중요한 의미는 선종에만 국한된 것이 아니

태평太平 후괴猴魁 햇차

다. 당나라 밀교密敎 역시 차를 석가모니에게 바치는 최고의 시주라고 생각했다. 더 주목할 만한 것은 불교가 전파되면서 중국의 차 문화도 일본으로 같이 건너갔다는 사실이다.

803년, 일본 승려 사이초最澄는 중국에서 2년간 불교 유학을 마치고 귀국하면서 절강 천태산天台山의 차 종자를 일본으로 가져갔고, 이때부터 일본에 '차'가 존재하게 되었다. 사이초가 심은 일본 최초의 차나무는 교토 히에신산比叡山에 아직도 남아 있고, 그 앞의 비석에는 '이곳이 일본 최초의 다원茶園'이라고 적혀 있다. 또 다른 일본 승려 에이사이榮西도 불교를 공부하기 위해 중국에 왔다가 귀국한 후 일본 최초의 다서 『끽다양생기喫茶養生記』를 집필했다. 에이

제9장
중국의 다도
茶道

우아한 다실에서 차를 마시면 평화로운 경지에 이를 수 있다.

중국인은 차를 마시는 습관이 몸속 깊이 배어 있다. 목이 마를 때도 차를 마시고, 술을 깨기 위해서도 차를 마신다. 식사 후 차 한잔은 소화를 돕고, 밤늦게까지 일할 때도 차가 정신을 맑게 해 큰 도움이 된다.

중국의 다도는 차를 음미하는 과정을 일종의 예술로 승화시켰고 차 애호가들은 바쁜 일상에서 차를 마시며 여유를 즐기고 즐거움을 찾는다. 사람들은 차를 마시면 현실을 초월한 아름다움과 조화를 느끼며 순간적이지만 영원함이 무엇인지 알 수 있다고 말한다. 하지만 진정한 차의 맛을 알고 그 속에서 고매한 예술을 즐기며, 몸과 마음의 조화, 마음의 수양을 얻기 위해서는 높은 문화 예술 소양이 필요하다. 이러한 소양을 갖춰야만 차 한잔에 담긴 중국식 생활 미학을 조금이나마 느낄 수 있다.

후대에 차의 맛을 음미하고 평가하고 감별하는 기준은 대부분 『다경』과 투다에서 비롯되었다고 할 수 있다. 좋은 찻잎은 좋은 물로 우려야 맛을 제대로 느낄 수 있기 때문에 예나 지금이나 차 애호가들은 물을 음다의 가장 중요한 요소로 꼽는다. '양자강 물로 몽정차蒙頂茶를 우린다'라는 말은 중국에서 명차의 대명사처럼 쓰였으며, 절강 항주 호포천虎跑泉 물은 용정차와 가장 잘 어울린다는 평가를 받았다.

육우는 차를 우릴 때는 샘이 시작되는 부분에서 나오는 물이 가장 좋고, 산수 중에서도 흰색 바위틈에서 흘러나온 물이 으뜸이라고 했다. 하지만 샘처럼 솟구치거나 아래로 직강하는 물을 자주 마시면 목에 질병이 생기며, 계곡에 고여 있는 죽은 물은 마시지 말라고 했다. 강물을 쓸 때는 오염되지 않고 인적 드문 곳을 택해야하고, 우물물은 물결이 칠 만큼 깊어야 한다고 주장했다.

육우는 전국 각지의 물을 20등급으로 나누었는데, 장강 이남의 남령수南零水를 1등급, 강소 무석無錫 혜산천惠山泉 물을 2등급으로 꼽았다. 남령수는 지금의 강소 금산金山 일대에 있는데, 자시나 오시 사이에 구리로 된 병에 긴 밧줄을 늘어뜨려 깊은 곳에서 길어올린 물을 가리킨다. 그만큼 남령수는 구하기 힘들었기 때문에, 차 애호

청나라 다호의 명인 진홍수陳鴻壽 작품. 표주박 모양 다호

가들은 '천하 제2의 샘물'로 불리던 혜산천으로 모여들었다. 당나라 때 한 재상은 혜산천 물을 자주 마시기 위해 자신의 권력을 이용해 물을 가져오는 기관을 따로 설치했고, 사람을 시켜 수천 킬로미터 떨어진 무석에서 장안까지 물을 가져와 마셨다는 일화도 전해진다.

중국 다도에서는 다기를 엄격하게 규정하고 있다. 『다경』에는 차를 끓이는 풍로, 숯 집게, 물을 젓는 대나무 젓가락 등 24가지 다구와 제조법에 대해 기록되어 있다. 다구는 차의 향이 충분히 나올 수 있도록 도울 뿐 아니라 다예의 기교와 탕색이 잘 어울려 시각적인 아름다움까지 느끼게 한다. 육우는 백색·황색·갈색 다구는 차의 탕색과 너무 비슷하기 때문에 피하는 것이 좋다고 했다. 이는 오늘날 녹차를 유리잔에 마시며 찻잎의 움직임을 관찰하는 것과 같은 맥락이라고 할 수 있다.

자사호. 청나라 도예가 진명원陳鳴遠의 작품

공부차를 마시기 전에 다구를 데운다.

차를 끓이는 물을 담는 다병茶瓶은 송나라 때 처음 나왔다. 당시
고관대작들은 호화로움을 추구했기 때문에 황금으로 만든 다병을
가장 선호했고, 백은·철기·자기·석기로 된 다병을 그다음으로
꼽았다. 송나라 사람들은 검은 유약을 칠한 도자기 찻잔을 즐겨 썼
는데, 그 이유는 그들이 즐겼던 점차와 관련이 있다. 점차는 차탕에

흰 거품이 일도록 만들어 마셨는데 이 거품이 흑색 찻잔과 잘 어울렸기 때문에 다구 가운데 최상품으로 꼽혔다.

명대에는 산차가 유행하면서 당송 시대의 다구는 도태되고 다호를 쓰기 시작했다. 작은 다호에 차를 우리는 습관은 16세기 말부터 지금까지 400여 년간 이어졌다. 당시 가장 유명하고 귀한 다호는 강소 의흥의 자사호였다. 자사호는 크지도 않고 깊이도 적당해서 차를 마실 때 한 사람이 자사호 하나씩을 갖고 마시고 싶을 때마다 마실 수 있어 즐거움을 한층 더했다.

'남방의 가목嘉木' 차는 깊은 산의 안개와 밝은 달, 시원한 바람이 어울려 독특한 풍모를 만들어냈다. 그래서 중국 다도에서도 차를 마실 때 인간과 자연의 조화와 현실을 초월한 신비한 경지를 느끼는 것을 중시한다. 명나라의 다서 『다소茶疏』에서는 차를 마시기 적당한 시간·장소·환경을 규정하고 있다.

『다소』에 따르면 차는 여유 있을 때 마시는 것이 좋다고 되어 있다. 바쁠 때 마시면 차의 섬세한 맛을 느낄 수 없어 좋은 차를 낭비할 수 있기 때문이다. 햇볕이 약하고 비가 조금 내리는 날, 숲이 우거진 곳, 연꽃이 있는 정자, 향을 피운 작은 정원이 차를 마시기에 적당한 장소이며, 허름한 집안·주방·시장·아기 울음소리가 나는 곳에서는 차를 마시지 않는 것이 좋다.

또 다른 다서 『다해茶解』에는 깊은 밤 산속에서 홀로 차를 끓이면 물 끓는 소리와 소나무 숲이 바람에 흔들리는 소리가 어우러져 들리고, 실내에 퍼지는 은은한 차향은 사람을 몰아의 경지로 이끈다고 나와 있다. 한마디로 시끄럽거나 불결한 곳은 차를 마시기 적당한 장소가 아니라는 것이다. 특히 연극이나 잡기 등을 공연하는 시끄러운 곳을 피하는 것이 좋다.

차는 은은함 속에 평온한 경지가 느껴지며 이해득실을 따지지 않고 현실에 만족할 줄 아는 중국인의 철학이 담겨 있다. 술은 사람이 많고 시끄러운 곳에서 마시지만, 차는 정반대의 환경에서 마시는 것이 좋다.

옛날 사람들은 차를 마실 때 사람이 적을수록 좋으며 자연과 교류하면서 마셔야 한다고 생각해서 혼자 마셔도 쓸쓸하거나 적적하지 않다고 했다. '차는 혼자 마시면 기분이 좋고, 둘이 마시면 즐거움이 있으며, 셋이 마시면 맛을 느낄 수 있다'라는 말이 있는데,

청나라 도예가 양팽년楊彭年이 만든 자사호

여기서 차에 담긴 안빈낙도의 정신을 엿볼 수 있다. 좋은 친구와 좋은 차를 함께 마시는 것이 중국인이 지향하는 '군자의 사귐'이다.

차를 마시는 것을 '품차品茶'라고 하는데, '품品'이란 글자는 '입 구口'자 세 개로 이루어졌다. 세 사람이 화롯가에 둘러앉아 담소를 나누며 조용히 차를 마시는 장면을 염두에 둔 것은 아닐까 하는 생각이 든다. 어쨌든 시끄럽고 혼잡한 장면을 상상하는 것만으로도 차의 우아함과 정취를 떨어뜨린다.

중국 차 문화의 전성기였던 송나라 때 다도 역시 전성기를 맞았다. 황제와 재상부터 일반 백성까지 모두 차를 즐겨 마셨고, 당나라 때 어느 차 농부가 만든 다예 시합인 투다 역시 전국적으로 유행해 통치자와 문인 들도 적극적으로 동참했다.

투다는 '명전茗戰'이라고도 하는데 주로 차와 물, 다구를 겨룬다. 차는 그 해 채취한 햇차를 쓰는데 용봉단龍鳳團이 가장 귀한 대접을 받는다. 차를 끓이는 물은 샘물이 가장 좋고 그다음으로 강물 · 빗물 또는 눈 녹은 물이며, 우물물이 가장 나쁘다고 생각했다. 다구는 복건 건안 도요에서 만든 흑유자기를 으뜸으로 쳤다.

투다의 과정은 아주 복잡했다. 우선 찻잔을 따뜻하게 데운 후 물을 끓이기 시작하는데 이를 후탕候湯이라고 한다. 송나라 사람들은 보통 다병을 사용했기 때문에 당나라 사람들처럼 삼비三沸 과정을 눈으로 직접 관찰할 수 없어 소리로만 판단했다. 송나라의 다서에 소리로 물의 상태를 판단하는 방법이 기록되어 있다. 다병 속에 있는 물에서 매미 울음소리가 나면 일비, 마차가 멀리서 지나가는 것 같은 소리는 이비, 소나무가 바람에 흔들리는 것 같은 소리가 나면 삼비임을 알 수 있었다. 병차는 잘게 부수어 다시 곱게 빻아야 하는데 입자가 고울수록 좋고 바로 차를 만들어야지 방치하는 시간이 길면 안 된다.

송나라 사람들은 말차를 즐겨 마셨는데 이때 물의 온도가 매우 중요하다. 온도가 너무 낮으면 말차가 표면에 뜨고, 너무 높으면 아래로 가라앉기 때문이다. 당시 사람들은 물이 끓는 상태를 살피는 후탕이 가장 어렵다고 했다. 일부 사람들은 물을 펄펄 끓인 다음 조금 두었다가 사용하면 적절한 온도를 맞출 수 있다고 주장하기도 했다.

그다음 부순 말차를 찻잔에 넣고 소량의 끓는 물을 붓고 걸쭉한 죽처럼 만드는데 이 과정을 조고調膏라고 한다. 그다음 점차를 하면 된다. 물병을 든 팔을 가볍게 돌려 병 안에 물기둥을 만들어야 하는데 이때 물기둥이 끊기거나 모양이 달라져서는 안 되고 일정한 형태를 유지해야 한다. 물이 찻잔의 60퍼센트 정도 차면 물기둥을 없애야 하는데 이때 작은 물방울도 남겨서는 안 된다.

점차를 할 때는 다선茶筅, 가루차를 물에 풀어 넣는 도구을 들고 차탕을 저어야 하는데, 손가락에 힘을 적당히 주고 젓는 속도의 완급을 잘 조

좌 오룡차를 천천히 자사호에 넣는다. / 우 물이 담긴 주전자를 높이 들고 다호에 물을 부어 찻잎이 열기를 골고루 받게 한다.

절해야 순백색 거품이 생긴다. 송나라 휘종은 『대관다론』에서 조고와 점차를 7단계로 나누었으며 각 단계별로 각기 다른 기교가 필요하다고 설명했다.

투다의 승부는 어떻게 가렸을까? 우선 눈으로 관찰 가능한 탕색과 거품으로 우열을 가렸다. 병차를 만들 때 찻기름 찌꺼기를 짜내기 때문에 차를 만든 후에는 탕색이 순백색이어야 하는데, 이는 찻잎이 신선하고 연하며 제조 과정이 섬세했음을 말해준다. 탕색이 청색을 띠면 증청할 때 불의 세기가 약했다는 것이고, 회색을 띠면

증청할 때 불이 너무 셌다는 뜻이며, 황색을 띠면 찻잎이 오래된 것 이란 뜻이고, 붉은색은 너무 오래 말렸음을 의미한다.

거품을 감별할 때는 더욱 정교하게 해야 한다. 거품은 균일하 고 촘촘해야 하며 새 · 곤충 · 물고기 형상처럼 보이면서 터지지 않 고 오래 유지되는 것이 좋다. 이때 거품이 높이 솟아올라 잔의 벽에 붙는 것을 교잔^{咬盞}이라고 한다. 거품이 꺼지면서 잔의 벽에 흔적이 남는데, 이것이 언제 생기느냐에 따라 승부가 갈린다. 즉 거품의 흔 적이 늦게 생길수록 투다에서 이길 확률이 높은 것이다.

당시 투다를 즐기는 사람들은 복건 덕화현^{德化縣}에서 나는 검은

색 유약을 바른 토호잔을 가장 선호했다. 검은색 찻잔이 차탕의 순백색을 더 도드라져 보이게 했고, 잔 안쪽 벽에 토끼털 같은 꽃무늬가 거품과 어우러져 차 애호가들에게 크게 사랑받았다. 송나라 때는 투다의 영향으로 희귀한 백색 차나무를 가장 귀한 진품으로 꼽았다.

시각적으로 우열을 가렸다면 그다음은 차의 맛으로 승부를 가른다. 좋은 차는 달콤하면서 부드러운 맛이 나며 잔에 차를 따랐을 때 향기가 사방으로 퍼져야 한다. 이처럼 시각과 미각 기준으로 종합적으로 평가한 후에 투다의 승리자가 결정된다.

역사적으로 투다에 능했던 사람으로 후대 문학에 큰 영향을 미쳤던 소식과 채양을 들 수 있다. 어느 날 소식과 채양은 투다를 벌였다. 채양이 투다를 위해 갖고 온 차는 최상품이었다. 물도 유명한 혜산천 물을 갖고 왔기 때문에 승리는 떼놓은 당상이라고 생각했다. 그런데 소식이 아무도 생각지 못한 죽력수竹瀝水로 차를 끓였고, 결국 선배인 채양을 물리치고 승리했다고 한다.

청나라 말의 지천한군호支泉漢君壺

첫 번째 우린 차를 자사호에 붓는다.

문향배 위에 품명배品茗杯를 놓는다.

산차가 단차·병차와 세대교체되면서 투다에 열광했던 송나라 사람들도 점점 흥미를 잃었다. 하지만 또 한 번 특별한 '다도 활동'이 유행했는데, 이번에는 투다와 달리 대중적인 참여가 두드러졌다. 바로 오늘날 복건·광동·대만 등지에 전하는 공부차工夫茶이다. 오늘날 공부차는 다도로 불리기는 하지만 다예 공연으로 치우치는 경향이 있다.

공부차는 광동 조주潮州 지역 고유의 전통 풍습으로 당나라 때부터 시작되어 지금까지 전한다. 공부차는 귀한 손님을 접대할 때뿐 아니라 타향을 떠도는 사람들이 고향을 추억하는 일종의 의식이

기도 하다. '공부'란 차를 다루는 익숙한 기술이라는 뜻으로, 정통 조주 공부차를 마실 때는 청나라 말부터 지금까지 만들어진 규범을 따라야 한다.

차를 마시는 사람은 일반적으로 주인과 손님을 포함해 4명으로 제한하고 있다. 이는 차를 마실 때 많은 인원수를 기피했던 명청 시대 다인들의 주장과 같은 맥락이다. 손님이 자리에 앉으면 주인은 차를 끓이기 시작한다. 골동품 같은 정교한 다구는 손님들의 눈길을 끌고, 찻잎의 질과 차를 끓이는 물, 차를 우리고 따르고 마시는 것 하나하나 모두 신경을 써야 한다.

공부차는 자사호를 사용하는 것이 적당하며 작은 것일수록 좋다. 자사호는 사람 주먹만 한 것이 좋고, 다배茶杯도 탁구공 반만 한 것이 적당하다. 작은 다구를 쓰는 이유는 차를 마실 때마다 바로바로 따라 신선한 맛을 유지하기 위해서다. 공부차는 보통 오룡차를 많이 마신다.

차를 우리기 전에 뜨거운 물로 자사호와 찻잔을 깨끗이 헹구면서 찻잔과 다호의 온도를 높인다. 그다음 다호에 찻잎을 넣는데 다호의 70~80퍼센트 정도만 채워야 물을 부었을 때 다호가 가득 찬다. 그다음 높은 곳에서 물을 따라 차를 우린다.

하지만 첫 번째 우린 차는 마시지 않고 바로 따라 버린다. 이것은 찻잎에 남아 있는 먼지와 이물질을 제거하기 위해서다. 그다음 다시 다호에 물이 넘칠 때까지 뜨거운 물을 붓고 다호의 뚜껑으로 거품을 걷어낸 다음 뚜껑을 닫는다. 끓는 물을 다호에 전체적으로 붓는데 이는 다호에 남아 있는 거품을 씻어내고 다호의 온도를 올려 차향이 빨리 우러나오게 하기 위함이다. 1~2분이 지난 후에 두 번째 우린 차를 마시면 된다. 차를 따를 때는 낮은 곳에서 따라야 물의 온도가 유지되고 거품이 생기지 않는다.

공부차는 따를 때조차도 평범함을 거부한다. 찻잔을 한군데로 모아놓고 찻물이 끊어지지 않도록 찻잔을 옮겨가며 따르는데 이것을 관공순성關公巡城이라고 한다. 이렇게 하면 각 다배에 따라둔 차의 농도가 같아지며, 손님 한 분 한 분을 정성스럽게 모신다는 뜻의

청 건륭 의흥宜興 자사 법랑 금국金菊 무늬 다호

표현이기도 하다. 다호의 차탕을 거의 다 따랐을 때 남은 물방울을 다배에 골고루 분배해야 하는데, 마지막 찻잔에 따를 때는 다호에 차가 남아 있어서는 안 된다. 이것을 한신점병韓信點兵이라고 한다.

공부차를 마실 때는 우선 차의 색을 관찰하고 향을 맡은 다음 조금씩 마시며 음미해야 한다. 공부차를 마시기 전에 먼저 차가운 물로 입안을 헹구어 내야 차의 가장 순수한 맛을 잘 느낄 수 있다. 차를 마실 때도 혀를 이용해 찻물을 입안 가득 돌려 마셔야 하며, 한꺼번에 마시지 않고 조금씩 나누어 천천히 음미한다. 공부차는 알칼리성이 강하고 맛도 강해 처음 마실 때는 조금 떫고 쓰지만 마시면 마실수록 부드럽고 달콤하다.

차를 마시며 자연을 이야기하면 정신도 맑아지고 기분이 좋아져 마음이 편안해지고 여유를 느낀다. 자연을 숭상하는 중국 특유의 문화와 아무것에도 구속받지 않는 다도 정신, 중국인의 인정을 향긋한 차의 깊은 맛에서 진하게 느낀다.

【제10장】

차에 얽힌 풍습과 재미있는 이야기

중국에서는 생활에 필요한 일곱 가지 필수품으로 땔감·쌀·기름·소금·간장·식초·차를 꼽는다. 차가 일곱 가지 생필품에 들어 있는 것만 보아도 중국인의 일상생활과 사회생활에서 차가 얼마나 중요한 위치를 차지하는지 알 수 있다.

일곱 가지 필수품 가운데 여섯 가지는 밥을 지을 때 쓰는 연료나 요리에 쓰이는 조미료로서 먹고사는 문제와 직결되지만 그중에서 음료는 차가 유일하다. 일곱 가지 생필품 중에서 순서로는 가장 마지막에 있지만 그래도 특별한 의미를 지닌 것만은 확실하다.

찻잔에 담긴 정

서양에서는 손님을 접대할 때 커피를 내오고 중국은 차를 대접한다. 중국에는 "추운 밤 찾아오신 손님에게 술 대신 차를 준비하니, 화로의 불이 더욱 붉게 타오르는구나."라는 유명한 시구가 있다. 이처럼 손님에게 향기 좋은 차를 대접하는 것은 주인의 정성이다.

손님께 차를 낼 때도 나름의 법도가 있다. 손님에게 좋아하는 차가 무엇인지 물어봐야 하고, 찻물은 너무 뜨겁지 않게 내야 손님이 데는 일이 없다. '술은 가득, 차는 반만 따르라'는 말처럼 차는 찻잔의 반만 채운다. 차는 따뜻해야 맛이 더욱 좋은데, 가득 따라놓으면 바로 마실 수 없어 차가 식기 때문이다.

손님 찻잔에 차가 3분의 1쯤 남았을 때 차를 더 따른다. 차는

운남 서쌍판납 납호족拉祜族이 봄차를 따는 모습

소화를 돕는 효과가 있기 때문에 공복에 마시면 장이나 위가 상할 수 있으므로 맛있는 다식이나 간식을 함께 내는 것이 좋다.

차의 등급·품질·가격은 천차만별이다. 중국인은 가장 좋은 차를 친한 친구나 귀한 손님을 위해 남겨두곤 한다. 이를 잘 보여주는 일화가 있다. 송나라 시인 소식은 한 사원의 주지를 찾아갔다. 이 주지는 소식이 누구인지 몰랐기 때문에 별 신경을 쓰지 않았다. 성의 없이 그냥 "앉아요."라고 말하면서 동자승에게 "차 갖고 와라."라고 했다. 주지는 소식과 대화를 시작했고, 이야기를 해보니 범상한 인물이 아님을 알고는 다시 "앉으세요. 차 올려라."라고 말했다. 나중에 유명한 문인 소동파임을 알고는 다급하게 "상석으로 앉으세요. 좋은 차로 대접해라."라고 말했다고 한다. 이 일화만 보아도 차의 품질은 주인이 손님을 생각하는 마음과 일치함을 알 수 있다. 1972년, 미국의 닉슨 대통령이 중국을 방문했을 때 주은래周恩來 총리는 '지상 천당'이라 불리는 항주로 초대해 중국의 명차 서호용정을 대접했을 정도였다.

손님에게 차를 대접하는 문화가 한족에게만 있었던 것은 아니다. 중국의 다른 민족들에서도 차는 손님 접대의 가장 좋은 음료로 통했다. 그중에서도 운남의 백족白族은 손님을 접대할 때 삼도차三道茶라는 특별한 의식을 치른다. 삼도차란 쓴맛을 내는 고차苦茶, 달콤한 감차甘茶, 오묘한 맛이 나는 회미차回味茶의 순서로 우려내는 것을 말하는데, 세 가지 차의 풍부하고 독특한 맛과 향은 인생의 세 가지 맛을 느끼게 한다.

백족은 귀한 손님이 오면 우선 방으로 모시고 들어가 아궁이에 둘러앉아 물이 끓기를 기다린다. 주인은 차를 끓이는 도관을 화로에 올리고 도관에 찻잎을 넣고 흔들어 찻잎이 골고루 열을 받게 만든다. 도관에 끓는 물을 부으면 수증기가 증발하면서 '쉭' 하고 소리가 나는데 마치 천둥소리 같다고 해 삼도차를 '뇌향차雷響茶'로 부

중국의 차 생산지에서는 여전히 결혼 준비금 풍습이 남아 있다.

르기도 한다. 차가 다 우러나면 손님에게 나누어준다. 이것이 쓴맛의 첫 번째 차, 고차이다. 고차의 탕색은 갈색에 가까운 홍색을 띠고, 떫고 쓰지만 입안 가득 향기가 퍼진다. 그다음 두 번째 차, 감차를 우려 손님에게 낸다. 감차는 고차에 홍탕紅糖 · 꿀 · 호두 가루 · 잣을 곁들여 단맛이 나고 향기가 진하다. 세 번째 차는 회미차라고 한다. 회미차에는 생강 · 산초나무 열매 · 계피 · 참깨 · 땅콩 등 10여 종을 첨가하며, 마시면 입이 얼얼한 매운맛이다.

백족의 말에 '얼얼하다'는 '부富'와, '맵다'는 '친하다'와 발음이 같다고 한다. 얼얼하고 매운 회미차에는 주인이 손님을 아주 친하 게 생각하고 손님의 부를 기원하는 마음이 담겨 있다. 회미차를 마 실 때 주인은 손님에게 춤을 청하고, 손님과 주인이 음악에 맞추어 흥겨운 춤판을 벌이기도 한다. 삼도차에 쓰이는 찻잎·찻잔·다반 은 특별 제작하며, 총 18가지 절차에 따라 차를 대접한다. 삼도차 를 마실 때 백족 아가씨나 젊은 청년 두 명이 손님에게 차를 따라 주는데, 한 명은 다반을 들고 있고 나머지 한 명은 두 손으로 찻잔 을 눈썹 높이까지 들어 손님에게 존경을 표한다.

차가 보편적으로는 환영의 의미를 담고 있지만, 청나라 관리 사회에서는 손님을 보낼 때도 차를 이용했다. 관리의 집에 손님이 오면 늘 그랬듯이 차를 대접한다. 주인은 술을 마실 때처럼 손님에 게 차를 권하긴 하지만 술처럼 잔을 들고 건배를 하지는 않는다. 만 약 찾아온 손님이 마음에 안 들거나 급한 일 때문에 손님이 빨리 가 기를 바랄 때는 자기 찻잔을 들고 상대에게 차를 권했다. 그러면 손 님은 주인의 뜻을 알아차리고 바로 자리에서 떠났다.

차와 혼인

고전 소설 『홍루몽紅樓夢』 25회를 보면 봉저鳳姐가 임대옥林黛玉에 게 차 두 병을 선물하면서 미소를 지으며 이렇게 말한다.

운남의 백족은 손님에게 최고 예의로 '삼도차'를 준비한다.

"네가 이미 우리 집안의 차를 마셨으니 어찌 우리 집안의 며느리가 아니겠는가?"

차 한잔에 며느리 취급을 하는 걸 보면, 차와 혼인이 깊은 관계임을 알 수 있다.

『주역周易』에는 이런 대목이 있다.

"천지가 있은 연후에 만물이 있고, 만물이 있은 연후에 남녀가 있고, 남녀가 있은 연후에 부부가 있고, 부부가 있은 연후에 부자가 있고, 부자가 있은 연후에 군신이 있고, 군신이 있은 연후에 상하가 있고, 상하가 있은 연후에 예의가 있는 법이니라."

이렇듯 혼인은 전체 도덕 체계의 기본이었기 때문에 안정적이고 영원하기를 바랐다. 고대 혼례의 풍습에서 신랑은 신붓집에 갈 때 기러기를 예물로 보냈는데, 이는 오랫동안 함께 충절과 지조를 지키겠다는 뜻이었다. 차가 보편화되면서 영원한 사랑의 증표가 기러기에서 차로 바뀌었다. 고대에는 차를 재배할 때 차나무를 옮겨 심지 않고 씨앗을 뿌렸기 때문에 시집간 딸이 차나무처럼 시댁에서 뿌리를 내리고 영원히 행복하게 살기를 기원했기 때문이다. 여자가 재혼하면 '두 집안의 차'를 마셨다고 해서 부끄러운 일로 치부되기도 했다.

송나라 때는 차와 혼례가 더욱 긴밀한 관계가 된다. 혼례에 관련된 명칭만 보더라도 신랑이 신붓집에 보내는 예물을 '다례茶禮', 납폐를 보내는 것을 '하다下茶', 신부가 예물을 받는 것을 차를 마셨다는 뜻의 '흘다吃茶'라고 했다. 답례로 대부분 말린 과실을 보냈는데 때로는 차와 함께 보내기도 했다. 지금도 중국의 많은 농촌 지역에서는 약혼을 일컬어 차를 받았다는 뜻의 '수다受茶'라 하고, 약혼 축의금을 '다금茶金'이라고 부른다. 남녀가 뜻이 맞아 혼인하기로 하면 혼례 날짜를 잡고 손님을 초대해 큰 잔치를 벌이는데 이때 차·술·음악은 절대 빠질 수 없는 요소다.

호남 지역에서는 남녀가 서로의 감정을 확인하는 데도 차가 필

차를 끓이는 백족 소녀

요했다. 남자가 신부가 될 여자네 집에 찾아가 처음 만날 때 여자는 남자가 마음에 들면 찻잔을 들어 권한다. 이때 남자도 여자가 마음에 들면 찻잔을 받아 단숨에 마셨다. 뿐만 아니라 혼사를 거론하거나 선을 볼 때, 신방을 차릴 때도 차가 흥을 돋우는 역할을 했다. 청나라 때 혼례 법도가 변천되어 삼다지례三茶之禮로 자리 잡았는데, 청혼할 때의 '하다下茶', 혼례식 때의 '정다定茶', 신방에 들어갈 때의 '합다合茶'를 말한다.

혼인한 후에도 차는 가족을 끈끈하게 묶어주고 부부의 감정을 돈독하게 만드는 역할을 했다. 절강 영파 지역에서는 사위에게 차를 주는 풍습이 있다. 사위와 딸이 혼례를 올린 다음 사위가 처음

화초차

처가에 오면 융숭하게 대접하는데 거기에 차가 빠지지 않았다. 평범한 집은 2~3가지 차, 부유한 집은 7~8가지 차를 사위에게 올린다고 한다. 이것은 앞으로 결혼 생활을 하면서 어려움이 닥치더라도 그날 받은 융숭한 대접을 기억하며 딸에게 잘해주길 바라는 장인·장모의 마음을 담은 풍습이다.

재미있는 음다 방식

중국은 땅이 넓고 역사가 깊기 때문에 지역별로 저마다 다른 독특한 음다 풍습이 형성되었다.

호남·강서·복건·광동 지역의 객가客家, 화북 지방에서 이주하여 온 것으로 추정되는 한족의 일파 사람들은 '뇌차擂茶'를 즐겨 마신다. 객가 지방 사람들은 뇌차를 너무 좋아해 심지어 뇌차를 잘 만드는지가 일등 신붓감을 판단하는 기준이 되었고, 뇌차를 못 만들면 시집가기 힘들다는 말도 있다. 대부분의 객가 사람들은 집에 뇌차를 만드는 '보물'을 갖고 있다. 도자기로 만든 사발인 뇌발擂鉢, 나무로 만든 방망이 뇌곤擂棍, 대나무를 가늘게 잘라 여과할 때 찌꺼기를 거르는 노표撈瓢가 그것이다.

뇌차를 만드는 방법은 다음과 같다. 찻잎·콩·땅콩·옥수수·깨·생강 등을 뇌발에 담은 후 끓는 물을 약간 섞어 뇌곤으로 갈아 분말로 만든 다음 노표로 거른다. 이런 과정을 거치면 술지게

미나 농축액 형태와 비슷한 뇌차 진액이 만들어지는데, 이것을 질 항아리에 담아 보관했다가 마실 때 몇 숟가락 떠 끓는 물에 타 먹으면 맛이 진하고 향이 깊은 뇌차가 된다.

광동 사람들이 '조차早茶'를 좋아한다는 사실은 예전부터 유명했다. 이름이 '조차'라고 해서 꼭 아침에만 마시는 것이 아니다. 광동 사람들은 새벽부터 시작해 오후 2~3시까지도 조차를 마신다. 조차를 마시러 다루茶樓에 가면 오룽차·녹차·홍차·화차 등 다양한 차를 선택할 수 있고, 고기만두·새우만두·훈툰餛飩, 고기와 채소를 섞은 소를 얇은 피로 싸서 끓여낸 만두 등 여러 가지 간식도 즐길 수 있다. 조차를 마실 때는 여유롭게 수다를 떨면서 신문도 보고, 간식도 먹으면서 차도 마신다. 광동 사람들에게 조차는 인간관계를 넓히는 수단인 동시에 여유를 즐기는 사회생활의 일종이라 하겠다.

사천 지역은 중국차의 발원지이자 차 문화가 가장 발달한 곳이다. 사천 지역의 거리에서는 어디서든 다양한 형태의 다관茶館이 쉽게 눈에 띈다. 사천 사람들은 뚜껑이 있는 찻잔인 개완차盖碗茶를 즐겨 마시는데, 개완은 다선茶船, 받침대·다개茶盖, 뚜껑·다완茶碗, 잔 또는 사발으로 구성되고 대부분 도자기로 만들어졌다.

다선은 다완을 놓는 받침대로 뜨거운 차를 들 때 쓴다. 다개는 사천 사람들이 발명한 가장 위대한 다구라고 할 정도로 여러 가지 기능이 있다. 첫째, 다개는 다완을 덮어놓을 수 있어 차향이 빨리 우러나오게 한다. 둘째, 차를 마실 때 떠다니는 찻잎을 다개로 거두어낼 수 있다. 셋째, 빨리 마시고 싶을 때 차를 뚜껑에 조금 덜어 식힐 수도 있다. 넷째, 차를 거의 다 마셔 물이 더 필요할 때 다개를 뒤집어 다완에 올려놓으면 종업원이 그 뜻을 알아차리고 찻물을 가져다준다.

사천 사람들은 철이나 알루미늄으로 만든 다기로 물을 끓이면 차맛이 떨어진다고 생각해 주둥이가 긴 구리 주전자로 물을 끓인다. 다관에는 찻잔에 물을 부어주는 일만 전문으로 담당하는 종업원이 있고, 구리 주전자를 높이 들어 찻잔에 물을 채운다. 물이 거의 가득 찼다 싶으면 팔을 살짝 흔드는데, 바깥으로 물이 한 방울도 흐르지 않고 물줄기가 멈춘다. 손님은 다개를 덮어놓고 조용히 기다리면 된다.

티베트 사람들은 육우가 살았던 당나라 때처럼 차를 우려먹지 않고 끓여먹는 전차煎茶를 즐겼다. 다른 점이라면 티베트 사람들은 전차에 소금을 약간 넣는 것이다. 그래서 '차에 소금을 안 넣으면 물과 같고, 사람이 돈이 없으면 귀신과 같다'라는 말이 있을 정도로 소금을 꼭 챙겼고, 소금 외에 다른 것을 첨가해 먹기도 했다. 티베트족의 대표적인 차는 수유차酥油茶다.

모든 티베트인의 집에는 수유차를 만드는 통이 있다. 먼저 잘 끓인 오룡차를 준비된 통에 넣고 야크 버터 · 소금 · 계란 · 호두 등

찻물은 높은 곳에서 따라야 온도가 낮아지고 찻잎을 골고루 적신다.

을 넣는다. 밑 부분에 구멍이 뚫린 나무 막대기를 통에 넣고 야크 버터가 차에 녹을 때까지 아래위로 충분히 저으면 달콤하고 부드러운 수유차가 완성된다. 티베트인들은 춥고 지대가 높은 지역에 살기 때문에 추위가 빨리 가시고 에너지를 보충하며 입술이 트는 것을 방지하는 수유차를 즐겨 먹었다.

대나무를 잘라 만든 것으로 다식을 담는 다구

차의 미학

문인들은 차와 깊은 인연이 있다. 고대에는 문인들이 차를 채집할 시기가 되면 멀리 있는 친구에게 햇차를 보내 그리운 마음을 전하기도 했다. 문인들이 풍류를 즐기는 모임에서 시를 읊는 데에 흥을 돋우는 음료로 차와 술은 빠지지 않고 등장했다.

당나라 때는 해마다 봄에 차를 골랐는데 지방관이 직접 나서서 감독했고, 1년에 한 번 열리는 다연에는 인재와 명사들이 모여 미담을 나누기도 했다. 송나라 때는 다연이 전국적으로 성행했고 차 품질의 우열과 차를 끓이는 기술을 겨루어 지는 사람에게 벌칙을 주기도 했다.

차는 많은 문인들이 칭송하고 묘사했던 문학의 소재였다. 예부터 오늘날까지 차를 주제로 한 시가·회화·서예 작품은 셀 수 없이 많다. 문인들의 눈에 차는 깨끗하고 맑고 영원한, 아름다운 정열의 상징이었다. 문인들은 도덕적 이상을 차에 담았기 때문에 차를 통속적이지 않으면서 서로의 감정을 확인하는 최고의 선물로 여겼다.

차는 오랜 친구끼리 우정을 더욱 돈독하게 해주기도 하지만 일면식이 없는 사람들도 '차'라는 공통의 과제로 친구가 되기도 한다. 명나라의 유명한 산문가 장대張岱는 민閔씨 노인이 차를 우리는 솜씨가 보통이 아니라는 말을 듣고 그를 찾아갔다. 노인은 장대를 만나 인사를 나누다가 지팡이를 안 가지고 왔다며 급히 돌아갔고 장대는 노인을 기다렸다. 노인이 지팡이를 가지고 왔을 때 장대는 여전히 그를 기다렸다. 이를 의아하게 여긴 노인은 장대에게 왜 기다렸냐고 물었고, 장대는 노인이 우린 차맛을 보기 전에는 절대 돌아가지 않겠다고 대답했다. 이 말에 감동한 노인은 그를 다실로 데려가 서둘러 차를 만들어 주었다. 다도에 정통했던 장대는 다구·차·물이 어디 것인지를 정확히 맞혔고 노인은 크게 기뻐했다. 그 후 장대와 노인은 차로 인연을 맺어 막역한 친구가 되었다고 한다.

장대처럼 차를 좋아하고 해박한 지식이 있으며 그것을 낙으로 삼는 문인은 아주 많았다. 당나라 시인 백거이白居易도 그중 하나다.

백거이는 차에 거의 중독될 정도로 좋아했고, 항주에서 관리로 있을 때 승려들과 자주 차를 마셨으며 차에 관한 시를 21수나 지었다. 백거이의 시를 베껴 시장에서 차로 바꾸는 사람이 많았다고 한다.

【제11장】

다관의 즐거움

다관茶館은 차를 마시면서 오락을 즐기는 공공장소를 말한다. 다관이란 말은 명나라 때 처음 쓰였고 청나라 이후에 보편화되었다. 사실 다관은 아주 오래전부터 있었지만 당나라 이후에 중요한 의미를 갖는 장소로 자리 잡았다. 한마디로 다관은 중국의 차 문화와 중국인의 여가 생활의 축소판이라 할 수 있다.

고대 문인들은 경치가 수려한 숲이나 죽림에 삼삼오오 모여 한가롭게 차를 마시며 시를 읊고 풍류를 즐겼다. 이것이 차 문화의 우아한 일면이라고 한다면 일반 서민들에게 차는 또 다른 의미가 있다. 문인들이 생각하기를, 차는 급하게 단숨에 마셔서는 안 되고 조금씩 음미해야 참맛을 느낄 수 있다고 했지만 서민들에게 차는 갈증을 해소하는 음료였다.

서민들의 차 문화를 가장 잘 보여주는 것이 명나라 말기 이후 북경 거리에서 팔았던 사발차大碗茶다. 사발차는 길가에 탁자 한두 개에 의자 몇 개만 놓고 싼 찻잎을 우려 투박한 사발에 담아낸 것이다. 고된 일을 하는 노동자나 먼길을 떠나는 여행자들은 이 노점에서 잠시 쉬면서 더위도 피하고 큰 사발차를 단숨에 들이켰다. 사발차 한 사발을 마시고 손등이나 옷소매로 입가를 쓱쓱 닦으면 가슴까지 시원함이 밀려온다.

중국 차 문화의 전성기인 송나라 때는 전국 방방곡곡에 다관이 생겼다. 당시 다관의 수와 식당의 수가 거의 같았는데, 명청 시대에

차를 마시면서 자연으로 돌아간 듯한 편안함을 느낀다.

내부 장식에 신경 쓴 다관

이르러서는 상황이 역전되었다. 송나라 다관은 명인의 서화로 문을 장식하고, 실내에는 꽃과 화분을 갖다 놓았으며 각종 진귀한 식물을 심어 손님의 눈길을 끌었다.

청나라 이후 서양 문화가 중국에 들어오면서 웅장하고 화려한 방식의 서양식 다관이 생기기 시작했다. 어떤 다관은 경치가 수려한 교외에 있어 한적한 포도밭이나 연못가에서 봄에는 꽃구경을 했고 여름에는 더위를 피했고 가을에는 낙엽을 겨울에는 설경을 즐겼다. 손님들은 차를 맛보면서 번잡한 세상을 떠나 다른 세상에 온 것

같은 이채로움을 느꼈다. 다관의 주인이 차에 대해 잘 알고 차를 좋아하는 사람일 경우에는 손님들에게 집에 온 것 같은 편안함을 주기도 했다.

다관의 가장 기본적인 기능은 차를 마시는 곳이다. 다예 공연 외에도 새로운 차를 끊임없이 내놓아 손님의 다양한 취향을 만족시켜야 한다. 겨울에는 추위를 물리칠 보양식품을 곁들여 내고, 여름에는 더위를 쫓는 음식을 보탠다. 또 팥빙수·야자술·매실차·모괴 주스 등의 음료도 준비해야 한다. 중요한 것은 모두 차와 잘 어울려야 하며 차 본연의 맛을 해쳐서는 안 된다는 점이다.

괜찮은 다관은 다구 하나하나도 소홀히 하지 않는다. 차에 따라 어울리는 다구를 준비하는 것은 기본이고, 손님을 위해 시중에는 팔지 않는 다구와 다기를 주문 제작해 차의 문화적 내연을 더욱 깊게 만든다.

손님을 많이 끌기 위해 다관은 오락적인 요소를 빼놓지 않았다. 그중에서도 가장 전통적이고 대표적이면서 현재까지 이어져 내려오는 것이 바로 강담講談이다. 강담이란 전문적인 이야기꾼을 초빙해 책의 내용을 대사나 창으로 풀어내는 것을 말한다. 그들의 단골 소재는 역사 이야기와 전설, 남녀 간의 사랑 이야기였다. 뛰어난 이야기꾼은 마치 그 일이 눈앞에서 벌어지는 것처럼 생생하게 이야기하기 때문에 청중들은 푹 빠지게 된다.

보통 두꺼운 책 한 권을 두세 달에 걸쳐 이야기로 풀어내며, 이야기가 클라이맥스에 달했을 때 이야기를 끝내 손님들은 어쩔 수 없이 다음날에도 다관을 찾게 된다. 대부분의 다관이 이런 방식으로 단골손님을 확보했다. 초기에는 손님이 강담을 하는 이에게 따로 돈을 냈지만, 지금은 찻값에 포함된다. 분위기 있는 고급 다관에서 재미있는 책 이야기까지 듣는 점을 생각하면 그리 비싼 값은 아니다. 강담은 후대 중국 소설에 상당히 큰 영향을 미쳤으며, 연의 문학演義文學 탄생의 토대가 되었다.

동서양 스타일이 결합된 다관

다관 곳곳에 주인의 세심한 배려

다관은 중국 희곡에도 꽤 큰 공헌을 했다. 심지어 '희곡은 차에서 우러나온 예술'이라고 평가하는 사람도 있다. 다관은 강담 선생의 활동 무대이자 희곡 공연의 무대가 되기도 했다. 19세기 말 북경의 '광화다루廣和茶樓'와 상해의 '단계다원丹桂茶園', '천선다원天仙茶園'은 모두 유명한 경극 공연장이었다.

극단의 공연 비용은 다관이 냈으며, 관중은 따로 표를 사지 않고 찻값만 지불했다. 희곡의 무대 의상 가운데 '다의茶衣'가 있는데, 다관 일꾼들의 복장으로 푸른색 천으로 만들었으며, 옷의 길이는 짧고 옷깃과 소매는 매우 컸다. 후대에 희곡에 등장하는 각종 가게 점원들은 모두 이 옷을 입게 되었다고 한다.

모든 다관이 시끄럽지는 않았다. 공연과 강담을 하는 시끌벅적한 다관이 있었던 반면 조용한 다관은 사업을 논하는 사무 공간이 되기도 했다. 그 외에도 사천 일부 지역에는 '강차講茶'를 마시는 풍습이 있었다. 그 지역 사람들은 집·토지·혼인 등의 문제가 생겼을 때 관부에 가서 상소를 올리는 것을 복잡하고 귀찮다고 여겼다. 그래서 다른 사람에게 중재를 부탁했는데 이것이 바로 강차를 마시는 풍습으로 자리 잡았다.

분쟁 당사자들은 다관에 모인 모든 손님에게 차를 올려 예를 표한 다음, 그 앞에서 각자의 입장과 요구 사항을 말한다. 두 사람의 발언이 끝나면 중재자가 양측의 진술에 따라 판결을 내린다. 판결이 나면 당사자들은 그 결과를 무조건 받아들였고, 오늘날 소송에서 진 쪽이 소송 비용을 모두 지불하듯이 진 사람이 찻값을 지불한다. 이렇듯 강차는 민간에서 분쟁을 해결하는 수단이기는 했지만 판결에 불응하기라도 하면 더 큰 분란이 생기는 경우도 있었기 때문에 20세기 초 관부에서는 다관에 '강차 금지령'을 내렸다. 관부의 조치 때문에 강차는 한 시대를 풍미한 다관의 재미있는 일화로 남았다.

인간관계를 유지하는 데 중요한 장소가 되었던 다관은 아주 특수한 서비스를 제공하기도 했다. 손님을 대신해 '다례'를 챙겨 주었다. 고대에는 혼례·장례 등을 막론하고 모두 차를 보내는 풍습이 있었는데 바쁜 사람은 이런 일을 제대로 챙기지 못해 무례를 범하는 경우가 발생했다. 일부 다관에서는 손님들의 고충을 해결하기 위해 명절이나 잔칫날마다 원하는 집에 차를 대신 보내면서 축하나 위로 인사를 했다. 이는 사람들의 원만한 인간관계에 큰 도움이 되기도 했다.

다관에서는 차와 함께 먹을 간식거리를 내놓았다. 바쁜 손님들은 다관에서 차도 마시고 요기도 할 수 있었다. 말린 두부·전병·춘권·튀긴 찐빵·물만두 등 간식의 종류도 다양했다.

다관은 사람들이 각종 정보를 교류하는 작은 사회와 같다. 다관을 주제로 한 「다관茶館」이라는 작품이 있는데, 1898년부터

1945년까지 반세기 동안 한 다관의 흥망성쇠를 다루었다. 「다관」의 작가 노사^{老舍}는 1956년에 이 작품을 완성했다. 작품에는 다관 주인·일꾼·환관·사기꾼·자본가·강담하는 사람·관상 보는 사람·탈영병·경호원 등 70여 명이 등장하는데, 당시 사회의 모든 계층이 등장한다고 보면 된다.

서민들이 즐겨 찾는 사천의 다관

「다관」은 총 3막으로 구성되었으며 시대 배경이 각기 다르다. 시대를 뒤흔들 만한 역사적인 사건이 등장하지는 않지만 다관을 둘러싼 인물들의 신변 변화에서 중국 사회의 변천사를 알 수 있다. 연극의 배경은 모두 다관이며 당시 다관에서는 국수 같은 것도 팔았던 것 같다. 다관은 차를 마시는 공간의 의미보다 대중의 교류 공간으로서의 의미가 컸다. 손님은 차를 가져올 수도 있었고 단골은 외상도 가능했다. 결국 다관은 인간사를 담는 시대의 거울 같은 곳이었다.

오늘날 중국의 다관은 명청 시대처럼 술집보다 많지는 않지만 중국인에게 여전히 중요한 위치를 차지한다. 서양인에게 커피숍이 있는 것처럼 중국인에게 다관은 여유롭게 이야기도 나누고 사람들과 교류하는 곳이다. 그러면서 다관 문화도 자연스럽게 현대인의 소비 문화에 녹아들었다.

거리를 지나다 보면 개성 있는 다관들이 점점 더 많아진다. 강남의 원림園林을 모델로 작은 다리가 있고, 꽃과 나무 사이에 물이 흐르며 회랑이 있는 중국식 정원처럼 꾸민 다관도 있으며, 시골 객잔처럼 왁자지껄한 분위기, 서양의 현대적 감각으로 실내 장식을 한 개성이 넘치는 다관도 있다. 어쨌든 편안한 다관에 앉아 조용한 음악을 들으면서 은은한 차를 즐기며 친구들과 수다를 떨어도 좋고, 혼자라면 조용히 사색에 잠기는 것도 나쁘지 않다.

제12장
茶盞
찻잔에 담긴 생활 예술

차는 자연에 순응하고 구속을 싫어하는 중국인을 닮았다.

중국인에게 차는 일상생활에서 쉽게 마시는 단순한 음료가 아니다. 신농씨가 100가지 약초를 맛보다 차를 발견했다는 전설을 시작으로 중대한 역사적 사건에 차가 빠지지 않고 등장한다. 시대가 흐르면서 차의 의미도 시시각각 변했고, 지역마다 차에 대한 생각은 다르지만 중국인의 삶에 은은한 차의 향기는 끊이지 않는다. 차는 채집부터 가공, 마시는 것까지 각각의 단계에 깊고 풍부한 문화적 의미가 담겼다. 중국인이 차를 발견하고 만든 만큼 차의 기품과 기질이 중국인의 민족성에 잘 반영되었다고 할 수 있다.

　차는 깊은 산에서 자라기 때문에 하늘과 땅의 정수를 모두 흡

차 마시기는 일종의 생활 습관

수했고, 사람의 손을 거쳐 가공되면서 인류의 지혜까지 녹아들었다. 차에는 자연과 인공이 조화롭게 공존하며, 단순함과 복잡함이 완벽하게 통일되어 있다. 즉 중국인과 차의 관계는 하늘과 사람이 하나라는 천인합일天人合一의 중국 전통 관념과 딱 맞아떨어진다.

차는 며칠 미리 따면 귀한 상품이 되지만 늦게 따면 가치가 확 떨어진다. 차를 딸 때 가장 중요한 것이 시간을 잘 맞추는 일이다. '시간은 돈이다. 하지만 돈으로 시간을 살 수 없다'라는 말은 이럴 때 쓰라고 있는 말, 아닐까?

좋은 환경에서 인재가 배출되듯 명차는 명산에서 나온다. 이렇듯 인간의 발전과 자연환경은 밀접한 관계다. 북방 사람들은 호탕하고 시원시원한 반면 남방 사람들은 온화하고 겸손하다. 지역별로 생산되는 차도 농후한 지방색을 지니며 그 지역 사람들의 성격과 비슷한 양상을 띤다.

육우는 좋은 차는 산지가 어디냐가 중요한 게 아니라 어떻게 만들었냐가 중요하다고 했다. 아직 다듬지 않은 옥을 조각하듯 차도 정교한 손길이 필요하고, 사람도 여러 가지 인생의 굴곡을 겪으면서 더 높은 경지에 오르듯이, 차도 여러 가지 가공 과정을 거치면서 완벽한 맛이 만들어진다. 차를 덖을 때는 불의 세기, 차를 우릴 때는 물의 온도가 적당해야 하는데, 이는 마치 중국인들이 자신의 원칙과 한계를 지키면서 일을 처리하는 것과 비슷하다.

도자기 다구

중국 다도에서는 차를 우리는 물은 깨끗해야 하고, 다구도 반복해서 씻으라고 강조한다. 우리는 여기서 하루 세 번 자신을 반성하라는 공자의 가르침과 끊임없이 도덕적 정화를 추구하는 중국인의 모습을 엿본다.

중국 문화의 정수가 응집된 차 문화는 복잡하고 어려운 의식이 아니라 몸과 마음 모두 편안히 즐기는 휴식이다. 중국인이라면 누구나 차에 남다른 애정이 있으며, 차를 인생의 각 단계에 비유하기도 한다.

소년기는 막 싹을 틔운 녹차처럼 여리고 천진하며 본연의 색을 드러낸다. 맛이 진하지는 않지만 은은하며 순수하고 깨끗하다. 청년기는 꽃처럼 진한 향기를 내는 화차처럼 다양한 꿈을 꾸고 모든 가능성이 눈앞에 펼쳐진다. 이렇듯 청년기는 재스민·장미를 넣은 화차처럼 어떻게 해도 다 향기롭고 아름답다.

반면 중년은 색과 향이 진한 홍차가 연상된다. 녹차처럼 맑고 가볍지는 않지만 성숙한 매력이 있다. 노년이 되면 오랜 세월의 흔적이 가득하고 향이 진한 보이차와 닮아간다. 세월의 흔적은 또렷하지만 향기가 진하고 맛이 풍부한 보이차처럼 여유롭다.

중국의 주요 차 생산 지역
차는 한 지역에서만 생산되는 것이 아니므로 대표 지역만 표기함
우루무치
신강위구르자치구
감숙
청해
서녕
티베트
사천
라싸
사천
몽정감로
운남
곤명
타차
진홍공부(홍차)
보이
보이차

흑룡강
하얼빈
장춘
길림
내몽골
심양
요녕
호화호특
북경
하북
천진
태원
석가장
은천
산서
제남
산동
섬서
난주
정주
경하회족자치구
강소
서안
하남
안휘
남경
녹차
기문공부(홍차)
소주
벽라춘
상해
합비
호북
항주
황산
황산모봉
공국, 용정차
성도
무한
절강
중경
호남
녹차
남창
귀주
악양
강서
무이산
군산은침
무이암차
녹차
귀양
영홍공부(홍차)
장사
복주
복건
안계
안계철관음
민홍공부(홍차)
오룡차
오룡차
백차
대만
광서장족자치구
광동
남녕
광주
마카오
홍콩
해구
해남
대한민국
서울

초판 1쇄 발행 2026년 2월 10일

지은이 리우통
옮긴이 홍혜율
펴낸이 김호석
편집부 이면희 · 김영선
마케팅 박선정
경영관리 박미경
영업관리 김경혜

펴낸곳 도서출판 린
주소 경기도 고양시 일산동구 무궁화로 20-18 하임빌로데오빌딩 502호
전화 02-305-0210
팩스 031-905-0221
전자우편 dga1023@hanmail.net
홈페이지 www.bookdaega.com

ISBN 979-11-92575-41-4 03910